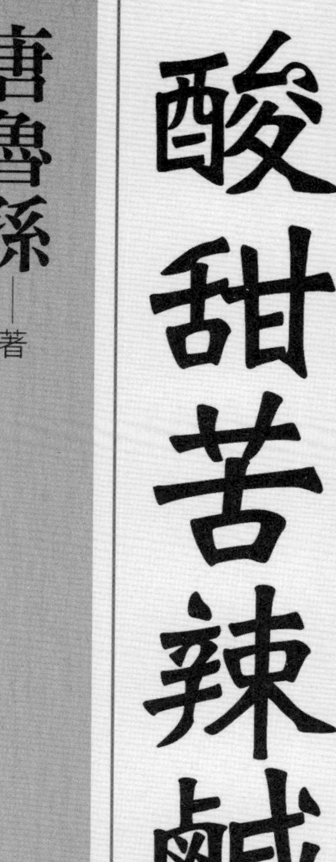

唐魯孫——著

饞人說饞——閱讀唐魯孫

逯耀東

前些時，去了一趟北京。在那裡住了十天。像過去在大陸行走一樣，既不探幽攬勝，也不學術掛鉤，兩肩擔一口，純粹探訪些真正人民的吃食。所以，在北京穿大街過胡同，確實吃了不少。但我非燕人，過去也沒在北京待過，不知這些吃食的舊時味，而且經過一次天翻地覆以後，又改變了多少，不由想起唐魯孫來。

七〇年代初，臺北文壇突然出了一位新進的老作家。所謂新進，過去從沒聽過他的名號。至於老，他操筆為文時，已經花甲開外了，他就是唐魯孫。民國六十一年《聯副》發表了一篇充滿「京味兒」的〈吃在北京〉，不僅引起老北京的蓴鱸之思，海內外一時傳誦。自此，唐魯孫不僅是位新進的老作家，又是一位多產的作家，從那時開始到他謝世的十餘年間，前後出版了十二冊談故鄉歲時風物，市廛風俗，飲食風尚，並兼談其他軼聞掌故的集子。

這些集子的內容雖然很駁雜，卻以飲食為主，百分之七十以上是談飲食的，唐魯孫對吃有這麼濃厚的興趣，而且又那麼執著，歸根結柢只有一個字，就是饞。他在〈烙盒子〉寫到：「前些時候，讀逯耀東先生談過天興居，於是把我饞人的饞蟲，勾了上來。」梁實秋先生讀了唐魯孫最初結集的《中國吃》，寫文章說：「中國人饞，也許北京人比較起來更饞。」唐魯孫的回應是：「在下忝為中國人，又是土生土長的北京人，可以夠得上饞中之饞了。」而且唐魯孫的親友原本就稱他為饞人。他說：「我的親友是饞人卓相的，後來朋友讀者覺得叫我饞人，有點難以啟齒，於是賜以佳名叫我美食家，其實說白了還是饞人。」其實，美食家和饞人還是有區別的。所謂的美食家自標身價，專挑貴的珍饈美味吃，饞人卻不忌嘴，什麼都吃，而且樣樣都吃得津津有味。唐魯孫是個饞人，饞是他寫作的動力。他寫的一系列談吃的文章，可謂之饞人說饞。

不過，唐魯孫的饞，不是普通的饞，其來有自；唐魯孫是旗人，原姓他他那氏，隸屬鑲紅旗的八旗子弟。曾祖長善，字樂初，官至廣東將軍。長善風雅好文，在廣東任上，曾招文廷式、梁鼎芬伴其二子共讀，後來四人都入翰林。長子志銳，字伯愚，次子志鈞，字仲魯，曾任兵部侍郎，同情康梁變法，戊戌六君常集會其家，慈禧聞之不悅，調派志鈞為伊犁將軍，遠赴新疆，後敕回，辛亥時遇刺。仲魯是唐魯孫的祖父，其名魯孫即緣於此。唐魯孫的曾叔祖父長敘，官至刑部次郎，其二女並選入宮侍光緒，為珍妃、瑾妃。珍、瑾二妃是唐魯孫的族姑祖母。民初，唐魯孫時七八歲，進宮向瑾太妃叩春節，被封為一品官職。唐魯孫的母親是李鶴年之女。李鶴年奉天義州人，道光二十年翰林，官至河南巡撫、河道總督、閩浙總督。

唐魯孫是世澤名門之後，世宦家族飲食服制皆有定規，隨便不得。唐魯孫說他家以蛋炒飯與青椒炒牛肉絲試家廚，合則錄用，且各有所司。小至家常吃的打滷麵也不能馬虎，要滷不瀉湯才算及格，吃麵必須麵一挑起就往嘴裡送，筷子一翻動，滷就瀉了。這是唐魯孫自小培植出的饞嘴的環境。不過，唐魯孫雖家住北京，可是他先世遊宦江浙、兩廣，遠及雲貴、川黔，成了東西南北的人。就飲食方面，嘗遍南甜北鹹，東辣西酸，口味不東不西，不南不北變成雜合菜了。這對唐魯孫這個饞人有個好處，以後吃遍天下都不挑嘴。

唐魯孫的父親過世得早，他十六七歲就要頂門立戶，跟外面交際應酬周旋，觥籌交錯，展開了他走出家門的個人的飲食經驗。唐魯孫二十出頭就出外工作，先武漢後上海，遊宦遍全國。他終於跨出北京城，東西看南北吃了，然其饞更甚於往日。他說他吃過江蘇里下河的鮰魚，松花江的白魚，就是沒有吃過青海的鰉魚。後來終於有一個機會一履斯土。他說：「時屆隆冬數九，地凍天寒，誰都願意在家過個闔家團圓的舒服年，有了這個人棄我取，可遇不可求的機會，自然欣然就道，冒寒西行。」唐魯孫這次「冒寒西行」，不僅吃到青海的鰉魚、烤犛牛肉，還在甘肅蘭州吃了全羊宴，唐魯孫真是為饞走天涯了。

民國三十五年，唐魯孫渡海來臺，初任臺北松山菸廠的廠長，後來又調任屏東菸廠，六十二年退休。退休後覺得無所事事，可以遣有生之涯。終於提筆為文，至於文章寫作的範圍，他說：「寡人有疾，自命好啖。別人也稱我饞人。所以，把以往吃過的旨酒名饌，寫點出來，就足夠自娛娛人的了。」於是饞人說饞就這樣問世了。唐魯孫說饞的文章，他最初的文友後來成為至交的夏元瑜說，唐魯孫以文字形容烹調的味道，「好像老殘遊記山水風光，形容黑妞的大鼓一般。」這是說唐魯孫的饞人談饞，不僅寫出吃的味道，並且以吃的場景，襯托出吃的情趣，這是很難有人能比較的。所以如此，唐魯孫說：「任何事物都講究個純真，自己的舌頭品出來的滋味，再用自己的手寫出來，似乎比捕風捉影寫出來的東西來得真實扼要些。」因此，唐魯孫將自己的飲食經驗真實扼要寫出來，正好填補他所經歷的那個時代，某些飲食資料的真空，成為研究這個時期飲食流變的第一手資料。

尤其臺灣過去半個世紀的飲食資料是一片空白，唐魯孫民國三十五年春天就來到臺灣，他的所見、所聞與所吃，經過饞人說饞的真實扼要的記錄，也可以看出其間飲食的流變。他說他初到臺灣，除了太平町延平北路，幾家穿廊圓拱，瓊室丹房的蓬來閣、新中華、小春園幾家大酒家外，想找個像樣的地方，又沒有酒女侑酒的飯館，可以說是鳳毛麟角，幾乎沒有。三十八年後，各地人士紛紛來臺，首先是廣東菜大行其道，四川菜隨後跟進，陝西泡饃居然也插上一腳，湘南菜鬧騰一陣後，雲南大薄片、湖北珍珠丸子、福建的紅糟海鮮，也都曾熱鬧一時。後來，又想吃膏腴肥濃的檔口菜，於是江浙菜又乘時而起，然後更將目標轉向淮揚菜。於是，金齏玉膾登場獻食，村童山老愛吃的山蔬野味，也紛紛雜陳。可以說集各地飲食之大成、彙南北口味為一爐，這是中國飲食在臺灣的一次混合。

不過，這些外地來的美饌，唐魯孫說吃起來總有似是而非的感覺，經遷徙的影響與材料的取得不同，已非舊時味了。於是饞人隨遇而安，就地取材解饞。唐魯孫在臺灣生活了三十多年，經常南來北往，橫走東西，發現不少臺灣在地的美味與小吃。他非常欣賞臺灣的海鮮，認為臺灣的海鮮集蘇浙閩粵海鮮的大成，而且尤有過之，他就以這些海鮮解饞了。除了海鮮，唐魯孫又尋覓各地的小吃。如四臣湯、碰舍龜、吉仔肉粽、米糕、虱目魚粥、美濃豬腳、臺東旭蝦等等，這些都是臺灣古早小吃，有些現在已經失傳。唐魯孫吃來津津有味，說來頭頭是道。他特別喜愛嘉義的魚翅肉羹與東港的蜂巢蝦仁。對於吃，唐魯孫兼容並蓄，而不獨沽一味。其實要吃，不僅要有好肚量，更要有遼闊的胸襟，不應有本土外來之殊，一視同仁。

唐魯孫寫中國飲食，雖然是饞人說饞，但饞人說饞有時也說出道理來。他說中國幅員廣寬，山川險阻，風土、人物、口味、氣候，有極大的不同，因各地供應飲膳材料不同，也有很大差異，形成不同區域都有自己獨特的口味，所謂南甜、北鹹、東辣、西酸，雖不盡然，但大致不離譜。他說中國菜的分類約可分為三大派系，就是山東、江蘇、廣東。按河流來說則是黃河、長江、珠江三大流域的菜系，這種中國菜的分類方法，基本上和我相似。我講中國歷史的發展與流變，即一城、一河、兩江。一城是長城，一河是黃河，兩江是長江與珠江。中國的歷史自上古與中古，近世與近代，漸漸由北向南過渡，中國飲食的發展與流變也寓其中。

唐魯孫寫饞人說饞，但最初其中還有載不動的鄉愁，但這種鄉愁經時間的沖刷，漸漸淡去。已把他鄉當故鄉，再沒有南北之分，本土與外來之別了。不過，他下筆卻非常謹慎。他說：「自重操筆墨生涯，自己規定一個原則，就是只談飲食遊樂，不及其他。以宦海浮沉了半個世紀，如果臧否時事人物惹些不必要的嚕嗦，豈不自找麻煩。」常言道：大隱隱於朝，小隱隱於市。唐魯孫卻隱於飲食之中，隨世間屈伸，雖然他自比饞人，卻是個樂天知命而又自足的人。

一九九九歲末寫於臺北糊塗齋

序

陳紀瀅

近年來在報章雜誌讀到唐魯孫先生的許多文章。其中涉及範圍極廣，如北平飯館的各種特色，北平各階層的風俗習慣，城內外各種名勝，以及明清兩朝的典章文物，無不說得頭頭是道，令人嚮往不止。我不多時就懷疑他必是北方賢者，而記憶力如此之強熾，觀察如此之細密，可以說寫同類文章的朋友，誰也比不了他。不但此也，他對江南文物，尤其飲食之道，所發議論，迥非南方朋友能如他那樣認真而詳細。在我未晤教以前，早已料到他是北平人無疑，是美食專家可信，是歷史學者無誤，而其記憶力之強，舉今世同文無出其右，他涉獵之多，更非一般人可比，他足跡之廣，也非寫遊記的朋友們可望其項背。但為什麼前幾年不見他的大作呢？這是我唯一存疑的一個問題。

約在三年前見面了，原來他服務公家，在服務之期事務太忙，無暇為文，且素性含蓄，藏而不露，不像我們知道一點兒便抖落出來，所謂一瓶不滿，半瓶晃盪是也。他退休後，原住屏東，所以才乘退休之餘暇，慢慢的才把腹笥的貨色曝晒出來。遷來台北後，著作更多。這種涵養功夫，足為後世法。魯公不但是北平人，而且是旗人，是旗人中的「奇人」，因為不是所有滿族都能對祖宗的事物深道其詳，不是所有北平人都會講食譜與說國劇，因環境不同、生活有異，所謂人各有愛好，見仁見智是也。

魯公所發表的文字，除非我看不見，只要看得見，我無不細讀細嚼，甚而一讀再讀，這在工業社會幾乎是不可能的，因時間不夠，能一讀再讀的文章，是多麼有吸引力啊！

我讀了魯公文章之後，打破了我許多自信：

（一）我是新聞記者出身，平素深以為自己留心事物不少，但看了魯公文章，則顯出自己粗心大意，漫不成章。以北平的名勝、膳食而言，自忖在北平前後六年之久，當窮學生時代，無錢看戲吃館子，但勝利後服務郵匯局，環境較好，每日應酬不暇，吃過了大小館子，理應對飲食一道知道較多，誰承望只顧吃了，卻忽略了肴饌之合成，更未深究其特色。當時僅知道誰家的館子賣什麼，什麼好吃而已。對於名勝亦然，每週無不去市郊遊覽，但對每一名勝，只了解其大概，關於歷史沿革，也只稍有模糊記憶，絕少考證，更沒有如魯公這樣把來龍去脈說得詳詳細細，而若干記載直如如數家珍。可知我這個「票友記者」（在《大公報》服務十五年，完全是客卿性質，並非「職業報人」，幸虧如此，否則早已陷身大陸）粗枝大葉，缺乏深入的了解，實有虧記者天職。

（二）我自四歲時起即有記憶力，數十年來，大小事情，多數僅憑記憶，能道其顛末。近十五年來才開始寫日記，以幫助日漸衰退的記憶，讀了魯公的文章，才顯出比我記憶力強的至少有他一人。我的自負完全為之瓦解。

（三）我也自忖對世間之物有廣泛興趣。凡不屬我知識範圍的事物、學問以及許多雜事，大如天文、地理；小如引車賣漿之輩的生活，我都注意，但我還沒有如魯公注意範圍之廣，觀察之深。曹雪芹曾言：「世事洞明皆學問，人情練達即文章。」魯公辦到了，我還差得很遠呢！

當然魯公的文章給了我許多啟示，僅舉此三端，也夠我下一輩子學習的了。今欣知魯公與我同年，僅大我兩個月，但其學問，則何止高我二十年？

至於本書除趣味、歷史、民俗等等方面的價值而外，最重要的是可導引起中年以上人的無窮回憶與增加青年人的無限知識。凡無歷史感者，生於今世，不但有愧於做學問，甚至於可以說缺乏人生興趣。一個缺少人生興趣的人，還活得有什麼意思？

民國六十九年八月十八日一個酷暑的下午在大湖街

唐魯孫先生小傳

唐魯孫，本名葆森，魯孫是他的字。民國前三年九月十日生於北平。滿族鑲紅旗後裔，是清朝珍妃的姪孫。畢業於北平崇德中學、財政商業學校。擅長財稅行政及公司理財，曾任職於財稅機關，對於菸酒稅務稽徵管理有深刻認識。民國三十五年臺灣光復，隨岳父張柳丞先生來臺，任菸酒公賣局秘書。後歷任松山、嘉義、屏東等菸葉廠廠長。當年名噪一時的「雙喜」牌香煙，就是松山菸廠任內推出的。民國六十二年退休，計任公職四十餘年。

先生年輕時就隻身離家外出工作，遊遍全國各地，見多識廣，對民俗掌故知之甚詳，對北平傳統鄉土文化、風俗習慣及宮廷秘聞尤其瞭若指掌，被譽為民俗學家。再加上他出生貴冑之家，有機會出入宮廷，親歷皇家生活，習於品味家廚奇珍，又見多識廣，遍嘗各省獨特美味，對飲食有獨到的品味與見解。閒暇時往往對各家美食揣摩鑽研，改良創新，而有美食家之名。

先生公職退休之後，以其所見所聞進行雜文創作，六十五年起發表文章，民俗、美食成為其創作基調，內容豐富，引人入勝，斐然成章，自成一格。著作有《老古董》、《酸甜苦辣鹹》、《天下味》等十二部（**皆為大地版**）量多質精，允為一代雜文大家，而文中所傳達的精緻生活美學，更足以為後人典範。

民國七十二年，先生罹患尿毒症，晚年皆為此症所苦。民國七十四年，先生因病過世，享年七十七歲。

酸甜苦辣鹹

雞蛋炒飯

前不久「萬象」版男士談家政，有人說到雞蛋炒飯，中國人從古而今，由南到北，雞蛋炒飯好像是家常便飯，人人會炒，其實細一研究，個中也頗有講究呢！

就拿炒飯用的飯來說，大家平素吃飯，有人愛吃蓬萊米，說它軟而糯，輕柔適口，有人專嗜在來米，說它爽而鬆，清不膩人，各隨所嗜，互不相犯，可是到了吃雞蛋炒飯，問題就來了。

誰都知道雞蛋炒飯必定要熱鍋冷飯，炒出飯來才好吃，可是蓬萊米煮的飯，不論是電鍋煮，還是撈好飯用大鍋蒸，涼了之後總是黏成一團，極難打散。請想，成團成塊的飯，炒出來能好吃嗎？炒飯用的飯，一定要弄散再炒，有些性急的人，打不散在鍋裡用鏟子切，這一切，把米都切碎了。所以飯如果黏成一團一塊時，等飯一見熱，再用鏟子慢慢捺兩下，自然就鬆散開了。炒飯不需要大油，可是飯要炒得透，要把飯粒炒得乒乓的響，才算大功告成。炒飯的蔥花一定要爆焦，雞蛋要先另外炒好，然後混在一起炒。此外有人喜歡把雞蛋黃白打勻，往熱飯上一澆再炒，名稱倒挺好聽，叫做「金包銀」。先不論好吃與否，請想，油炒飯已經不好消化，飯粒再裹上一層雞蛋，胃納弱的人當然就更不容易消化啦。

筆者一向對雞蛋炒飯有特別愛好，所以每到一處，總要試一試廚子炒出來的蛋炒飯是什麼滋味。早年家裡雇用廚師，試工的時候，試廚子手藝，首先準是讓他煨個雞湯，火一大，湯就渾濁，腴而不爽，這表示廚子文火菜差勁。再來個青椒炒肉絲，肉絲要能炒得嫩而入味，青椒要脆不泛生，這位大師傅武火菜就算及格啦。最後再來碗雞蛋炒飯，大手筆的廚師，要先瞧瞧冷飯身骨如何，然後再炒，炒好了要潤而不膩，透不浮油，雞蛋老嫩適中，蔥花也得熗去生蔥氣味，才算全部通過。雖然是一湯一菜一炒飯之微，可真能把三腳貓的廚師傅鬧個手忙腳亂，「稱練」短啦（「稱練」兩字北平話「考核」的意思）。

筆者年輕的時候，有一次到北平船板胡同匯文中學看運動會，在田徑場的西南犄角有個小食堂，據說那裡的大師傅蝦片炒飯是一絕。試吃結果，紅暾暾的對蝦片，綠油油的豆米，襯上鵝黃鬆軟的一碗熱騰騰的蛋炒飯，吃到嘴裡，柔滑香醇，可稱名下無虛。也許年輕時，口味品級不高，認為這碗飯是所吃炒飯中的極品了。後來浪跡四方，對於這碗金羹玉飯，仍舊時常會縈迴腦際。渡海來臺，一直在臺北工作，後來奉調嘉義，於是三餐大成問題，幸虧有一隨從是軍中退役伙食兵，只會雞蛋炒飯、豆腐湯，經過一番調教，炒飯漸得竅門，從此立下了連吃七十幾頓蛋炒飯的紀錄。亡友徐廠長松青兄，是每天早餐雞蛋炒飯一盤，十餘年如一日，友朋中叫他「炒飯大王」，叫我「炒飯專家」，以我二人輝煌紀錄，確也當之無愧。

今年春天在臺北住了好幾個月，每天要到汀州街一帶辦事，午飯就只有在附近小飯館解決，於是又恢復吃炒飯生涯。有些家飯爛如糜，也有黏成粢飯的，最妙有一家小飯館，布置裝潢都還雅靜，可是叫的蛋炒飯端上來，令人大吃一驚。碗面鋪滿一層深綠色蔥花，蔥花之下是一層切得整整齊齊平行四邊形的雞蛋，頂底下是油汪汪的一盅炒飯。堂倌說得一口廣東官話，他說這種炒飯叫「金玉滿堂」，「金」大概是指炒雞蛋，「玉」甭解釋是生蔥花啦。名實雖然相符，一股生蔥大油味，直撲鼻端，就連平素愛吃雞蛋炒飯的我，也只有望碗興嘆沒法下箸了。雞蛋炒飯，雖然是極平常的吃法，可是偏偏有若干千奇百怪的花樣，仔細想想，茫茫大千，凡百事物，莫不皆然，豈止雞蛋炒飯一項呢！

紅白芸豆、豆腐絲、爛蠶豆

說句良心話，一般來講，一日三餐，北方的飲食，似乎沒有南方人來得精細講究。可是北方人對於蛋白質豐富的豆類，特別有所偏愛，於是有關豆類的吃法，也就花樣翻新層出不窮了。

先說紅白芸豆吧！這種吃食，一早一晚都有小販沿街叫賣，有人拿它當早點，有人拿它來當下午茶。這種芸豆都是煮得軟而不爛，搭一勺放在雪白的粗堂布上，用手捏成豆糰子來吃。愛吃鹹的，撒上一點自己調配的精細花椒鹽；愛吃甜的，捏個葫蘆或是吉磬，裡頭包上碎芝麻細白糖，尤其灌上紅糖，熬得糖稀，紅紫爛漫，入口甘沁。說實在的，那比北海漪瀾堂的芸豆粒、五龍亭仿膳芸豆捲要味厚檔口多了。

賣芸豆的小販下街吆喝的少而又少，十之八九是一手拿著鑼，一手拿著木片來敲打，街頭巷尾誰家養著大笨狗，一聽鏜鑼音響，一定狂嘷怒吠一番，究竟是什麼原因，令人猜想不透。後來有位老人家說：「假如畜犬吃了馬糞，一聽尖銳的銅器音響，立刻會覺得頭腦脹痛，所以吠聲不絕。」究竟是否屬實，只有請教對動物有研究的專家了。

筆者所說的豆腐絲，既不是揚州鎮江一帶吃早茶下早酒、白而且嫩、欺霜勝雪的干絲，也不是武昌謙記的牛肉煮得軟中帶硬的豆絲。這種豆腐絲，雖然也是豆腐坊的產品，有人說是從四鄉八鎮挑到城裡賣的，城裡豆腐坊根本不做豆腐絲，這項生意多半是挑著筐子下街賣。

豆腐絲的顏色灰裡帶淺褐色，如果不加調味料，只是淡淡的燻味加豆香而已，本質非常勁道，吃在嘴裡越嚼越香，您把經霜的白菜心切絲，跟豆腐絲加三合油（麻油、醬油、黑醋，叫三合油）涼拌著吃。北方冬天必定生火爐子才能過冬，不管是燒塊煤，或是用煤球爐子，一冬下來多多少少總會感染點煤氣，不時來盤白菜心拌豆腐絲吃，不但能夠卻煤氣、降心火，對於一般人來說用處可大啦，比吃幾丸子「牛黃清心」還管用。

賣豆腐絲的挑子，前頭有個方木盤，豆腐絲都是切好一綹一綹碼在盤子裡，買豆腐絲叫抓幾個子兒，幾大枚的全憑用手一抓，從來沒聽說賣豆腐絲的用秤稱，雙方爭多論少吵起來的，您看人家做生意有多仁義呀。

舍間有位打更的更夫叫馬文良，河北淶水縣人，他是武師滄州李的門下。他有兩位師弟，在北平達王府看家護院，每月逢十八是他們師兄弟固定聚會之期，他們雖然都是練武出身，可都不動大葷，煙酒不沾。每逢師兄弟聚首，就是買十大枚豆腐絲（**大約有一斤多**），烙幾張家常餅，大蔥麵醬一捲豆腐絲，來上一大壺釅茶。看著他們風捲殘雲，頃刻盤空碗光、狼吞虎嚥、豪爽高邁的情形，讓我們這些旁觀者也能胃口大開。他們說豆腐絲捲餅特別耐餓，可是不好消化，所以儘管看人家吃得饞涎欲滴，自己只敢捏點豆腐絲嚼嚼，始終沒敢捲餅來吃。來到臺灣三十年了，甭說臺北，就是其他各縣市鄉鎮，還沒見什麼地方有豆腐絲賣呢！

爛蠶豆是北平最通俗的小吃，北方人對於吃蠶豆似乎沒有江浙一帶來得熱烈。有一年筆者到上海辦事，正趕上蠶豆大市，走遍上海的住宅區，家家門口外都有一大堆蠶豆空莢，赫德路小菜場外的蠶豆莢，簡直堆得像小山，想不到上海人對蠶豆有那麼大的興趣。北方人除了吃炒蠶豆、蠶豆泥之外，小吃方面恐怕只有鐵蠶豆、爛蠶豆了。

北平的爛蠶豆跟南方的發芽豆似是而非：第一，顆粒比較碩大；第二，絕無蟲蛀皺皮。賣爛蠶豆的都是個人的小生意，手藝有高低，所以做出來的爛蠶豆，滋味方面也就大有差別啦。爛蠶豆都是燜好了，放在藤心編的簸籮裡賣的，上頭蒙一塊浸濕了的厚布，怕讓風吹乾了。爛蠶豆講究火候，豆子要爛而不糜，入口酥融，一粒一粒要分得開，拿得起來，要是成了一堆豆泥，那就不叫爛蠶豆啦。同時五香大料要用得恰到好處，鹹淡方面更得有特別講究，要白嘴當零食吃不覺鹹，低斟淺酌當下酒的小菜不嫌淡，才算夠格。一般下街賣的爛蠶豆，不分鹹淡只有一種，可是專門做大酒缸門口生意的，可就分鹹口淡口啦。

筆者當年在北平絨線胡同念中學的時候，中央電影院雖然計畫蓋大樓，可是還沒動工。西城的學生想看電影，要是去平安、真光兩家電影院，實在太遠啦，不得已退而求其次，只好就近在絨線胡同西口中天電影院看了。當時演的不外是蠻荒豔異集一類連續影集，三天一換片子，每次演兩集，扣子還拴得挺緊，真能吊學生們的胃口，三點半放學，逢到換新片子，總要看完四點一場，才肯回家吃晚飯。離中天電影院不遠有一家大酒缸，代賣爛蠶豆。抓兩大枚的足足有一大包，帶到電影院當零食吃，不像嗑瓜子有響聲，五蘊七香，愈嚼愈覺得味勝椒漿，怡曼暢適。

自從學校畢業，因為筆者當時不十分喜歡辛辣白酒，難得進一次大酒缸，所以連帶吃爛蠶豆的機會也沒有了。後來在上海大中華書場聽書，場子裡竄來走去盡是提筐攜筥賣吃食的小販，有一種發芽豆，味道跟北平的爛蠶豆極為相近，可惜火候不勻，有的太爛，有的過生，鹹淡也就難期劃一，自然吃到嘴裡不對勁了。

來到臺灣偶然跟一些老北平談起了爛蠶豆，既無畫餅可以充饑，也只有徒殷遐想而已。有一年到花蓮，北方朋友請我在一個河沿小飯鋪小酌，據說這家小飯館蔥爆羊肉是用鐺炰，有點大陸口味，一試之下果然不差。當然對這位大師傅誇獎幾句，哪知這位大師傅一高興，把自己留著呷酒的小菜，當敬菜端了上來，一是蓑衣小紅蘿蔔，一是爛蠶豆，二三十年沒有吃過的爛蠶豆，想不到居然在花蓮嘗到了。雖然這兩個小菜不值幾個大錢，可是離鄉萬里，能嘗到家鄉風味，縈迴心曲的情懷，我想天涯遊子都能體會得到的。

蜂糖糕和翡翠燒賣

我雖然是道道地地的北方人，可是小的時候，跟隨家人經常在大江南北跑來跑去，所以對揚州、鎮江以及里下河一帶葷素甜鹹各式各樣點心，吃得不少，因此印象也深。來臺若干年來，每一縣市都有以淮揚麵點為號召的大飯館，可是有幾樣麵點，始終沒見哪家飯館賣過，每次跟蘇北朋友小酌，談起這幾樣麵點，大家都有早點回到故鄉，一飽饞吻的想法。

提起「蜜糕」，可算是一件有歷史性的甜點了，而且除了揚州，還沒聽說哪兒有賣蜜糕的。據揚州父老傳說，五代時合肥楊行密（在唐昭宗時候，曾任淮南節度使，因為他仁厚淵識，深得庶民愛戴，後封吳王，在位十五年）酷嗜蜜糕，因為「密」、「蜜」同音，大家避他名諱，又因為糕發好後蜂窩纍纍，所以改叫「蜂糖糕」。現在年輕一輩的蘇北朋友，說蜂糖糕有的吃過，有的聽說過，要是說蜜糕，下一代的青年人知道的恐怕少而又少啦。

揚州有一鹽商聯合辦事處，叫四岸公所，鹽商精於飲饌是出名的，揚州鹽商因為清朝乾隆皇帝三下江南，巡幸揚州，鹽商們供應皇差，一切稱旨，所以他們大宴小酌，靈肴珍味，玉食爭香，早就馳名全國。他們治事之所，有位大師傅，做蜂糖糕非常有名。筆者吃過那裡做的蜂糖糕，當時年紀還小，記得一塊蜂糖糕比十二寸的蛋糕還要大，可能是籠屜有多大，糕就配合籠屜大小而蒸的，所以糕的大小，是跟籠屜大小相吻合的。當時只覺著糕一進口，鬆軟香甜，用不著咀嚼，是甜點心裡最好吃的一種而已。後來每次去到揚州，因為小時候對蜂糖糕的印象特深，所以每次必定吃一兩回，而且還要買幾塊帶回北平饋贈親友。

我在揚州，多半是住左衛街的「如來住」，離住處不遠，有一家五雲齋，聽說他家做的蜂糖糕在揚州來說是首屈一指的，後來東夥發生爭執宣告收歇，轅門橋有一家麒麟閣就繼之而起大享盛名了。麒麟閣是一家經營南北雜貨的茶食店，並不是專賣蜂糖糕的，可是因為他家蜂糖糕做得精緻，反而以蜂糖糕而馳名京滬了。

當年上海以揚鎮菜肴細點為號召的飯館餐廳很多，可是上海的揚鎮飯店，還沒聽說哪家有蜂糖糕賣的。後來開了一家「玫瑰食譜」，專門以揚州麵點招徠顧客，自認不賣蜂糖糕為美中不足，於是派人到揚州麒麟閣想把做蜂糖糕的大師傅花幾倍的工資挖到上海來，可是人家重義輕利毫不動心，竟然一口回絕。人家說得好：「年近古稀的人，有碗粗茶淡飯就算了，還想賺什麼大錢？如果為了多弄幾文，還把老骨頭擲到異鄉，那才划不來呢，何況老東家待我不薄，就在家鄉吃碗安穩的太平飯吧！」這件事是揚州聞人潘頌平親口說的，此話料想不假。由此可見，當年老一輩的人論交情講道義、一諾千金的作風，的確是令人欽敬的。

究竟做蜂糖糕有什麼訣竅呢？據富春茶社陳步雲老闆說：「麵粉要用細籮多篩幾遍，同時發麵要用真正的麵肥（**北方叫起子**）。如果用發粉一類發酵劑發麵，蒸出來的蜂糖糕，就像廣東的馬拉糕，發雖發得不錯，可是吃到嘴裡，味道就差勁兒了。」陳老對於麵點研究有素，所說的話是經驗之談，不是隨便說說的。

有一年舍親李振青先生晚年得子，小孩彌月，正趕上農曆九月十九日觀世音菩薩成道佛辰，湯餅張筵，全用素席，甜點是淨素蜂糖糕。起初我以為蜂糖糕，一定要有豬油丁才能腴潤鮮美，哪知人家素糕，不用豬油丁而用肥碩的大松子仁，吃到嘴裡甘沁浥潤，比起葷糕另是一番滋味。李振老說，早些年，多子街大同茶食店做的淨素蜂糖糕別具風味，是茹素朋友所吃茶食中雋品，推潭僕遠，這種洵美的佳味已不可得，現在我們吃的素糕，也不過是慰情聊勝於無罷了。

近來每逢跟蘇北的朋友湊在一塊兒聊天，一談到吃，凡是喜歡甜食的就會想到蜂糖糕。大家認為蜂糖糕固然好吃，可它並不是一道需要什麼特別手藝的點心，何以在臺灣就沒有人做呢？話說了不久，有一位舍親居然送了我一塊蜂糖糕，據說是一位揚州知名之士家廚特製，形狀滋味，都還不差，大概因為老年人怕影響膽固醇跟血壓，忌吃太油太甜的關係，所以感覺油糖嫌少，口味略輕，但飽啖之餘，猶覺其味津津。

翡翠燒賣，北方人叫「燒賣」，揚州人叫「稍麥」，我第一次吃這樣燒賣是在揚州教場的月明軒。北方人吃甜的蒸食，在習慣上來說，多半是以發麵的居多，至於燙麵、死麵做甜餡的蒸食，可以說少而又少。

敝友胡國華兄服務稅務稽徵機構，在揚鎮一帶算是叫得響的人物。他是月明軒每天必到的老主顧，所以從老闆到堂倌，與胡四爺都有交情，見了面都顯著特別近乎。胡兄請我在月明軒吃早茶，一進門就告訴堂倌，我是剛從北平來的，做一籠翡翠燒賣，讓我嘗嘗揚州名點，人家是吃過見過的，讓案子上好好做。這一關照不要緊，這籠點心自然是特別加工細做啦，燒賣餡兒是嫩青菜剁碎研泥，加上熟豬油跟白糖攪拌而成的，小巧蒸籠松針襯底，燒賣褶子捏得勻、蒸得透，邊花上也不像北方燒賣堆滿了薄麵（乾麵粉北方叫薄麵）。我有吃四川青豆泥的經驗，外表看起來不十分燙，可是吃到嘴裡能燙死人。夾一個燒賣，慢慢的一試，果然碧玉溶漿，香不膩口，從此對於燙麵甜餡蒸食的觀感有了很大的改變。不過，這種甜食固然太燙不能立刻進嘴，可也不能等冷了再吃，否則油滯餡僵，味道就差了。

上海後來開了一家精美餐室，是揚州人經營的，什麼豆沙豌豆蒸餃、野鴨菜心煨麵、五丁蝦仁包子、棗泥鍋餅，凡是揚州麵點，可以說應有盡有，而且都做得精緻細膩，滋味不輸揚州幾家麵點館的手藝。只有翡翠燒賣一項，雖然貼了翡翠燒賣不久應市的預告，可是始終沒拿出來應市，究竟是什麼緣故，雖然不得而知，據猜想大概不外師傅難請吧！

打滷麵

一天三餐，南方人以大米為主，北方人以麵食雜糧為主。吃麵食的，除了饅頭、烙餅之外，還是以吃麵條的時候居多，吃麵條不外乎炸醬或打滷。前幾天白鐵錚兄寫了一篇「炸醬麵」，今天就談談打滷麵吧！

打滷麵分「清滷」、「混滷」兩種，清滷又叫「汆兒滷」，混滷又叫「勾芡滷」，做法固然不同，吃到嘴裡滋味也兩樣。北平的炸醬麵，前門外的一條龍、東安市場的潤明樓、隆福寺的灶溫，醬都炸得不錯。至於混滷，拿北平來說，大至明堂宏構的大飯莊子，小至一間門臉的二葷鋪所勾出來的滷，只要一攪和就澥，有的怕滷澥，猛這麼一加芡粉，滷自然不澥，可是也沒法拌啦。

打滷不論清、混都講究好湯，清雞湯、白肉湯、羊肉湯都好，頂呱呱是口蘑丁熬的，湯清味正，是湯料中雋品。汆兒滷除了白肉或羊肉、香菇、口蘑、乾蝦米、攤雞蛋、鮮筍等一律切丁外，北平人還要放上點鹿角菜，最後撒上點新磨的白胡椒、生鮮香菜，辣中帶鮮，才算作料齊全。

做汆兒滷一定要比一般湯水要口重點，否則一加上麵，就覺出淡而無味了。既然叫滷，稠乎乎的才名實相符，所以勾了芡的滷才算正宗。勾芡的混滷，做起來手續就比汆兒滷複雜了，作料跟汆兒滷差不多，只是取消鹿角菜，改成木耳、黃花，雞蛋要打勻甩在滷上，如果再上火腿、雞片、海參，又叫三鮮滷啦。所有配料一律改為切片，在起鍋之前，用鐵勺炸點花椒油，趁熱往滷上一澆，嘶拉一響，椒香四溢，就算大功告成了。

吃打滷跟炸醬所不同的地方，吃汆兒滷，黃瓜絲、紅蘿蔔絲、菠菜、掐菜、毛豆、藕絲都可以當麵碼，要是吃勾芡的滷，則所有麵碼就全免啦。吃汆兒滷，多搭一扣的一窩絲（細條麵），少搭一扣的簾子扁（粗條麵），過水不過水，可以悉聽尊便。要是吃混滷，麵條則宜粗不宜細，麵條起鍋必須過水，要是不過水，挑到碗裡，黏成一團就拌不開了。混滷勾得好，講究一碗麵吃完，碗裡的滷仍舊凝而不瀉，這種滷才算夠格，這話說起來容易，做起來可就不簡單啦。

先曾祖慈生前吃打滷麵最講究，要滷不瀉湯才算及格，我逢到陪他老人家吃打滷麵就心情緊張，生怕挨訓，必須麵一挑起來就往嘴裡送，筷子不翻動，滷就不太瀉了。有一次跟言菊朋昆仲在東興樓小酌，言三點了一個燴三鮮，並且指明雙賣用海碗盛，外帶幾個麵皮兒，敢情他把東興樓的燴三鮮拿來當混滷吃瀉，真是一點不瀉。可是換個樣兒，讓灶上勾碗三鮮滷吃瀉，同樣用上等黑刺參而不用海茄子，依然是照瀉不誤，令人怎麼也猜不透。言氏弟兄當年在蒙藏院，同是有名的美食專家，對於北方吃食，他們哥兒倆算是研究到家了。

有一年夏天，散了早衙門，大家一塊兒到什剎海荷花市場消夏，大家又提到吃打滷麵的事。言三說：「北平大小飯館勾出的滷都愛濁，還沒在哪家飯館裡吃過令人滿意的混滷呢！」在座有位孫景蘇先生住在積水潭，他說在他住所附近有個二葷鋪，每天一早總要勾出幾鍋羊肉滷來，是專門供應下街賣豆腐腦的澆頭，如果頭一天帶話，他可以留點滷下雜麵吃。筆者當時因為天氣太熱，擠在湫隘的小屋裡吃打滷麵，似乎吃非其時，奚嘯伯叔侷昆仲嘴饞好奇，聽了之後過不幾天，就向大家報告，孫景老的品鑑的確非虛，人家勾出來的滷，除了凝而不濁外，而且腴潤不濡，醇正適口，調羹妙手，堪稱一絕。又過了不久，齊如老跟徐漢生兩位也去品嘗過一番，同樣認為這種羊肉滷是別家飯館做不出來的美味，可惜荷花市場還沒落市，就碰上盧溝橋七七事變啦，大家從此奔走南北，浪跡天涯，朵頤福薄，只有徒殷結想而已。

茄子素滷。平素茄子滷倒是常吃，可是茄子素滷只聽說有這種吃法，可沒試過。北大劉半農兄生前是最喜歡搜奇訪勝的，他聽說宣武門外下斜街明代古剎長椿寺有兩件古物，一是明朝正德皇帝生母皇太后的喜容，一是元代紫銅沙金合鑄的一座三尺多高的浮圖。因為舍間平素跟長椿寺有來往，寺裡住持方丈壽全老和尚跟筆者又是方外交，於是約定時間，半農兄又約了三位考古專家一同前往，他們認為從這幅喜容，發現若干前所未見的小服飾，可算此行不虛。同時中午壽全大師準備了茄子素滷吃麵，茄子是附近菜園子裡現摘現吃，小磨香油是戒台寺自己榨的，加上鋪派（伺候長老的雜役）手藝高，吃這樣的茄子素滷，比各大飯館葷的三鮮滷要高明多啦。

來到臺灣幾十年，合格夠味的滷固然沒有喝過，似乎打滷麵已經變成「大魯麵」，連名兒都改啦（十之八九是受了魯肉飯的影響）。前幾天在高雄一家平津飯館吃飯，跑堂的小夥子，說的一口純正國語，問他打滷麵怎麼改成大魯麵了，他說近幾年上的飯座臺省同胞居多，叫大魯麵聽了順耳，這叫入境隨俗，您想各省口味的飯館都入境隨俗南北合了，菜還能好得了嗎？

白菜包和生菜鴿鬆

說菜包也許有人不知道，要說生菜鴿鬆，現在台北市嶺南口味正應時當令，而生菜鴿鬆又是廣東餐館不可或缺的名菜，所以一提生菜鴿鬆這道菜，對常在外面跑的人，總不會太陌生吧！

前些日子，在臺北跟幾位朋友到一家廣州菜館小敘，同席有位朋友點了一味生菜鴿鬆，這味羊城名肴，表面上看，好像並沒有什麼深文奧義，其實這是一道講刀工、論火候的菜，並不是每位廣東大師傅都能做得恰到好處的呢！

首先鴿子要選大小適中的，起下來的鴿子肉，要立刻剁成肉粒，用調味料餵透，炒時秘訣是大火、輕油，寧淡勿鹹。包鴿鬆的生菜以僅盈一握、脆嫩整齊者為上選。生菜是最易滋生蟲害的，在田間生長時必定都噴灑過農藥，所以吃生菜必須先用稀釋的灰錳氧徹底洗淨，然後用涼開水再洗一遍，方能供客大嚼。當年梁均默先生說：「生菜包鴿鬆，翠綠晶瑩，香不膩口。」他的評語可稱允當。

所謂生菜鴿鬆，追本溯源，其實是從滿洲菜包演變而來的。關外早冬，一過立秋，已透嫩涼，雲冷草肥，就進入狩獵時期了。當年清太祖尚未定鼎中原，屯兵山海關外與明軍對峙的時候，有一天閒中無聊，帶了一隊士兵在營區左近行圍射獵，打了不少獐麅麋兔，自然心中特別暢快，加上當地土人湊趣，獻了十幾隻肥碩的「祝鳩」（祝鳩是一種野生鴿子，翼長尾短，肉極肥嫩，如有人捕得，認為是天禧祥瑞，所以叫它祝鳩。）可是當時扈從人多，祝鳩不敷分配，於是做成肉糜攪拌在油炒飯內，用白菜包起來吃，大家共享福胙。誰知這種吃法，不但腴而爽口，而且清涼降火，後來入主中原，「祝鳩菜包」也就列入御膳房御用膳單了。因為當年秋狩開始，祝鳩獻瑞是七月初五，所以後來就把七月初五奉為秋狩郊天祭辰，白菜包列為饗餘的配饈，吃菜包的風氣也就從此流傳下來。

北國冬寒凜冽，內庭向例九月初一衣裘生火，要到第二年二月初一才正式停止生爐撤火，整個冬天不離爐火，任何人都會覺得口乾舌燥，三焦欠舒。在慈禧垂簾聽政時期，因為內外交征，肝火太旺，稍不如意，就讓敬事房傳板子，說不定哪一個太監或是宮女要倒楣遭殃啦。太后火氣大、肝火旺，御藥房有的是特製的「黃連上清」、「銀翹解毒」、「金衣萬應錠」、「八寶紫金丹」一類理三焦、清內熱的成藥，可是左右誰敢向太后進言，請太后進點平安藥呢？碰巧有一個執事太監，平素一鬧火氣，就把生白菜切絲用三合油（**醬油、香油、高醋混合，北方叫三合油**）一拌，猛吃一頓，立刻火氣全消。他想太后如果能夠多吃點生白菜，豈不是把一冬所烤火中的煤氣，臟腑中集聚的內熱，也能一古腦兒清除了嗎？於是跟首領太監大家一咬耳朵，有一天太后午膳，就有九飣食盤托著翠雪冰姿黃芽菜葉呈現御前了。慈禧吃菜包，當然一時無法找到關外的祝鳩，御膳房一動腦筋，就拿宮中飼養的肥鴿來充祝鳩，哪知炒出來的鴿鬆，一樣肥美湛香，堪稱上味，從此菜包就成了上方玉食，一直到後來清室遜位，端康皇妃當家，膳食單上有時還列有白菜包呢！

據番禺梁節庵前輩說：「廣州菜館早先是沒有生菜鴿鬆的，自從拳匪之亂，慈禧、光緒倉促駕幸西安，岑春煊扈從護駕，等匪亂弭平還都途中，迭蒙賞吃白菜包，岑食而甘之，其後他開府百粵，忽然想起吃白菜包來。可是廣東不出產大白菜（**廣東管大白菜叫黃芽白**），白菜都是從北方用船運去的，當時跑南洋的船又時常脫班，黃芽白不時缺貨應市。大帥天生性急暴躁，所以庖人急中生智，改用生菜來代替，生菜葉子沒有白菜體積碩大，所以取消雞蛋炒飯，只用炒鴿鬆包生菜來吃了。」梁是廣東人，又在內廷當過差，從這段話來看，說生菜鴿鬆跟白菜包淵源有自，料想是不會假的。

北方吃的菜裡喜歡用醬，尤其吃餅類麵食，少不了黃醬、甜麵醬等等的，例如就烤鴨吃的片兒火燒，就離不開大蔥麵醬，吃春餅要是不抹點兒，再捲上一段蔥白，好像就不是吃春餅啦。至於吃菜包，菜葉裡包的雞蛋炒飯，固然不能多放鹽，就是小蝦仁炒豆腐，也要清清淡淡的，炒祝鳩也好，炒鴿鬆也好，都不能太口沉了。一個大白菜葉，可能包三碗雞蛋炒飯，吃的時候講究包不離嘴，嘴不離包，沒時間去夾菜吃，所以吃白菜包，醬是不能少，蒜泥更是不可或缺的，一方面調和鹹淡，一方面提味增香，又具殺菌作用。內廷傳膳吃菜包，自然也少不了附帶麵醬、蒜泥，奇怪的是麵醬、蒜泥不是歸御膳房準備進呈，而是由當值宮監們另外預備端上來的。當年一般老百姓講究吃喝的，買麵醬不是西鼎和、老天源，就是大葫蘆、六必居，那才算夠譜兒，要是誰能討換點出自內廷的麵醬，那就是天池丹醴、格勝椒漿啦。

內廷宮監居然敢在宮裡做醬，一點也不假，而且有其歷史性的。據說滿清自從東北進關奠都北京，歲時郊天祭祖，一仍舊貫按照滿洲習俗，做一種奶油餑餑上供，尤其是春夏宗社大祭，一份餑餑桌子，就有幾百上千塊奶油餑餑。祭祀完了之後，要送神散福，祭品裡的餑餑，就散福給掖廷上下人等。因為數量太多，一時誰也吃不完，而且久吃生厭，於是有一班腦筋活絡的太監們就想出點子來了，他們把凡是分到散福的餑餑全部買下來。

做醬主要是有大場地翻晒，而且要晒得透、翻得勤，宮中可做晒醬的廣場到處皆是，可是在大明大擺的場合拿來晒醬，那就太不成體統了，虧他們想得出來，居然想到在坤寧宮的後面，一排又矮又小的群房前面安上缸甕，做起醬來。這排群房原本是值班太監休息住宿的小榻榻兒（臨時住所宮裡叫小榻榻兒），就在屋外做醬，雖然是在金闕丹墀之下，可是有鴟甍重棼掩覆著，既不顯眼，又便照顧，對太監們來說，真是太理想啦。做餑餑的原料，麵是飛籮細粉，油是塞上醇膏，純脂細麵，製出來的醬，雖非出自天廚，可是比起市面的醢醬，味道的鮮美不知要高出若干倍了。

最初太監時常把這種「體己」送給王公大臣、勳戚親貴嘗嘗新，可是誰又能嘴上抹石灰白吃呢！往往厚賞有加，變成了太監們一項大的收入。有一班好擺譜的朋友，總要走走門路討換點太監們晒的所謂「宮醬」來吃菜包、吃春餅，才算夠譜呢！

湖州的板羊肉和粽子

在北平吃慣了西口的大尾巴肥羊，無論是炰、烤、涮，甚至羊肉做餡兒包的水餃、烙的肉餅，只覺得羊脂甘腴，毫無羶腥厚膩的感覺。後來在上海大雅樓吃過一回羊羔，另外吃過一次帶皮紅燒的羊肉大麵，雖然收拾得挺乾淨，可是看到肉皮上根根毛細孔，立刻想到怪不得南方人都喜歡到北平買灘羊皮呢！敢情他們把羊皮都吃啦。

上海的羊肉因為品種、水草關係，羸瘠無膘，不管怎麼做法，吃到嘴裡不是淡而無味，就是後味帶點羶腥。所以我在南方住了若干年，對於南方的羊肉始終不感興趣。

有一次同一位世交葉曼雲兄在上海洪長興小酌，他要吃涮羊肉，我說南方都是山羊，沒有大尾巴綿羊，羊肉羶重味薄，我雖然是北方人，可是對於太羶的羊肉實在胃口缺缺。葉是湖州南潯人，他說：「你伯祖秋宸公在光緒初年去過我們湖州府，彼時你還沒出生，可是湖州板羊肉你總聽家裡人說過，鮮而不羶，足堪媲美北平的羊肉吧！」

先伯祖秋宸公，歷官浙江杭州、嘉興、湖州等地，曾經把搜集的清代大儒洪亮吉卷葹閣藏書十八種，贈送給南潯小蓮莊主人，收入他《嘉業堂叢書》裡。後來雖然經過幾次兵燹，皮藏海內孤本因此散佚不少，可是聽說卷葹閣藏書卻安然無恙，早就想有機會到湖州去觀覽一番，始終沒能成行，現在既有曼雲兄這位識途老馬，於是撥冗作了一次吳興之遊。沒到吳興（湖州）之前，只知道湖筆徽墨，湖州的筆是聞名全國的，湖州的絲棉輕而且暖，翻絲棉更是當地婦女拿手傑作，至於最負盛名的板羊肉、甜鹹粽子，則沒有特別注意過。

清朝叫湖州府，到了民國廢府以後，把烏程、歸安兩縣合併改稱吳興縣。縣屬有個小鎮叫「雙林」，當地人都叫它「吃碼頭」。這個吃碼頭，倒不是鎮上有什麼繁弦急管、珍錯畢備的茶樓酒肆，而是鱗次櫛比一家挨一家的小吃店，不但每家各具獨特的風味，而且價格廉宜，更是京滬各地外來客人想像不到的。湖州人誇稱，雙林鎮的板羊肉，潤氣蒸香，腴滑不膩，可算獨步江南，就是專門講究吃羊肉的關東、塞北，也不容易吃到這樣味醇質爛的美肴呢！

雙林鎮飼養的羊，他們叫湖羊，一般住戶都有飼養湖羊的習慣，多多少少總要餵上三五隻，自己留著吃，或是賣給羊肉店。至於專門飼養湖羊的大戶，養上千兒八百隻也不算稀奇，因為雙林鎮的羊，除了供應「雙林」、「烏鎮」兩個吃碼頭消費外，還要大批運銷外地呢！當地老一輩的人說，雙林的湖羊，實際就是北方綿羊的品種，在元朝入主中原時，移殖江南一帶的。因為太湖水域，厥壤肥饒，草木明瑟，湖羊在這種洞天福地長大，食青芝啜玉露，羊肉焉能不腴潤甘鮮，人誇上味。

雙林的板羊肉，做法是加料白燒，樣子頗像天津醉白樓的水晶羊羔，可是味道又完全不同。鎮上有一家羊肉店叫「戴長生」，這個買賣已經有一百多年歷史，算是鎮上最具規模的羊肉店，他家從上代流傳下一個不成文的規定，每天只宰二十頭湖羊，絕不多殺，每天清晨一早開市，賣到日將近午，大概就盆空釜淨，清潔溜溜，後來的顧客只好空手而回，明日請早啦。

當地的老吃客，有時打算請外地客人吃戴長生板羊肉，都要先期預訂，否則去晚了難免向隅。敝友葉曼雲兄是南潯葉家濱大族，跟戴家有累世姻誼，所以雙林之行，吃到了上品板羊肉，而且參觀了他們割烹過程。

敢情煮羊肉不用金屬釜鼎，而是特製的一種平底長方形的石槽，其形狀就像古代用為外棺的石槨。把宰好的羊，先斬頭去尾截掉四肢，刮淨羊毛，把整隻羊分成兩片，用削好的寬竹片像風魚臘鴨一樣，把羊肉片子撐得平平整整，放在石槽子裡，大石槽放四隻（八片），小石槽放兩隻（四片），所用作料各家都有秘不傳人的配方，由自己人兌好份量，在石槽底下點起木柴來燒煮（據說用松、杉、榆、樺，還有不同的名堂，當然燒出來的肉也各有不同香味，鎮上的食家一嘗便知是哪家燒的）。石槽厚重，雖然柴乾火烈，因為石釜傳熱迂緩，名為燒煮，其實石質堅厚，不滲油鮮等於文火煨燉。每天從傍晚燉到第二天黎明，皮煨得晶瑩透明，肉煨得滑香溫潤，香氣內蘊，既酥且嫩。起槽折骨，放在白案子上，冬令沍寒，凌晨尤為滄漼澟洌，剛出鍋的熱羊肉，不一會兒就變成望若縷冰、入口酥融、馳名遠近的板羊肉啦。曼雲兄說，有一次天沒亮，到店裡約他的令親趕早班船去杭州，正趕上羊肉出鍋，拿剛出爐的草鞋底燒餅，就著燙嘴的板羊肉吃，肥甘適口，這一頓可遇而不可求的晨餐，是他畢生難忘的。

湖州除了板羊肉是當地特產外，湖州粽子也是全國知名的。臺北賣的燒肉粽除了一部分是臺灣口味外，此外像九如一類的飲食所賣的粽子，差不多都是以湖州粽子作號召，由此可以證明湖州粽子流傳之廣啦。

湖州有一家著名的茶食店叫「褚大昌」，據說褚家就是以賣粽子起家，後來才開茶食店的。在湖州，褚老大的粽子也是一絕，要說褚大昌也許沒人知道，要說褚老大那就無人不知無人不曉了。褚老大最初是夜間河街叫賣豬油豆沙甜粽的，他做的粽子，糯米揀得精，絕不會摻有沙礫，豆沙洗得細，吃到嘴裡甜度適中，不太甜也不膩口，尤其粽子包紮的鬆緊恰到好處，糯軟不糜，靠近豆沙的不夾生，靠近粽葉不沾滯，這是別家粽子做不到的。因為生意越做越興隆，過後又添上板栗雞肉粽、火腿豬肉粽，雖然訓練一批人手，專門包紮甜鹹粽子，可是他家茶食店門口，每逢年節經常還是要大排長龍呢！

我在上海跟曼雲兄共事多年，他每年總要回鄉省親兩次，每次回到上海，大包小包差不多塞滿一大網籃，全是吃食。除了戴家老店的板羊肉、褚老大的粽子外，還少不了桂香村的黑芝麻酥糖、稻香村的核桃雲片糕、野荸薺的百果糕。人人都說蘇州茶食細巧精緻，可是以上幾品茶食，味道似乎比湖州做的尚覺稍遜。目前浙江下三府（湖州、杭州、嘉興舊稱浙江下三府），旅臺人士甚多，想起腴滑不膩的板羊肉、精美醇爛的肉粽，就不是耽於飲食的朋友，也不能無蓴鱸之思吧！

請您試一試新法炸醬麵

北方人喜歡吃炸醬麵，那是最普通的麵食，本不足為奇，可是近幾年來江浙湖廣的朋友，似乎也對炸醬麵發生了興趣，就是臺省同胞近來下小館，不叫米粉、貢丸，而叫打滷、炸醬麵的也屢見不鮮！

不久以前，白中錚兄在「萬象」版寫了一篇《炸醬麵》，區區為了湊熱鬧也談了打滷麵。最近有一位讀者斐伯言來信說，他照我們所說如法炮製，打滷、炸醬居然做得都非常成功，以雲南蒙自人做炸醬、打滷麵，請北方朋友吃，結果頗得好評，所以特地寫信來問，炸醬麵還有別的做法沒有，下回約朋友小敘也好再露一手。

做炸醬麵可以隨人喜好，加上配料，不過有兩樣配料，以我個人的口味來說，還是不加為是，一是花生米，二是豆腐乾。肉丁炸醬加上花生米，軟硬夾雜，非但有礙咀嚼，甚至互不相侔，也不對味。肉末加豆腐乾，奪味不說，似乎跟麵一拌，麵總覺著不是炸醬麵了。說句良心話，對於這種非驢非馬的炸醬，深感實在無法欣賞。可是武漢三鎮，上湖皖南蘇北，炸醬麵裡真有不少加豆腐乾，還愣說是北平做法，那真是天曉得了。

舍間在炸醬麵吃膩了的時候，研究出一種新法炸醬，不用肉丁、肉末，而用蝦米和雞蛋。渤海灣青島、煙台沿海一帶有一種小蝦米，北平海味店稱它「小金鉤」，只有兩三分長，通體瑩赤，雖然體積細小，可是蝦皮褪得非常乾淨。別看蝦小，可是鮮度極高，吃的時候用滾水泡上半天，蝦肉才能回軟。雞蛋另外炒好打散，蔥、薑熗鍋將醬炸透，然後把雞蛋、蝦米一塊兒下鍋炒好，拿來拌麵。吃這種麵宜於吃不過水的鍋挑，麵條不能太細，醬要炸得稀一點，若是醬太乾、麵太細，挑在碗裡拌不開，就不好吃啦。小金鉤雞蛋炸醬，既經濟又省事，喜歡吃炸醬麵的朋友不妨試試。

另外一種是滷蝦炸醬。關東滷蝦是全國聞名的，東北的滷蝦小菜、滷蝦油，不但長江流域、珠江流域各大城市有得賣，就是遠至雲貴四川，大點的土產店也不時有關東滷蝦油出售，至於關東的滷蝦醬，恐怕除了東北，只有平津才能買得到呢！

喜歡吃魚蝦，對海鮮有研究的朋友有人認為，不論江湖河海，凡是能吃的鱗介類，熱帶的不如溫帶的，溫帶的不如寒帶的，越往北，肉越細味越鮮。證之松花江白魚的肥嫩，哈爾濱大螃蟹的鮮腴，都非亞熱帶地區水產所能比擬，這種論調似乎是言之有據，頗有道理。福建蝦油也是頗有名氣的，廣東蝦醬更是粵省特產，油也好醬也好，要是跟關東滷蝦一比，那就味道各有不同了。梁均默（寒操）生前是我們一群饞人所公認老饕中大老，他對飲饌的品評沒有地域觀念，只要好吃，不分中西，不論南北，他都列為珍品上味。用關東滷蝦炸出醬來拌麵，他認為比嶺南蝦醬鮮醇味永，不過關東滷蝦，北人嗜鹹，所以用來炸醬，似乎口味略重了些。廣東有一種罐頭什錦仔薑，又叫生薑蕎頭，甘醹漬露，酸裡帶甜，加上一點蕎頭湯來拌麵，丹醴湛溢，爽口增香，的確別有一番滋味。

來臺三十年，早幾年在市面上還可以買到香港九龍「冠益廠」出品的蝦醬，後來慢慢由缺貨而斷檔了，取而代之的是澎湖的蝦醬。最近走遍各超級市場，就是澎湖蝦醬也絕跡了，要想吃滷蝦醬拌麵，只有期諸大陸省親，再行尋覓啦！

另外有一種用黃魚紅燒之後，除骨剔刺用魚肉來拌麵，雖然不是炸醬麵，可是鮮腴適口，比一般炸醬尤有過之。平津一帶在端午前後，黃魚就大量上市了，天津平素就講究吃熬魚貼鍋子，到了黃魚季，少不得要大吃幾頓來解饞。北平到了黃魚季，一定要接姑奶奶回娘家，好好吃頓紅燒黃魚。因為到別人家做兒媳婦，每逢有好吃的，必定是先敬老，後讓小，什麼吃食都不能痛痛快快大吃一頓，所以自己的父母就以吃黃魚為藉口，把女兒接回娘家，大快朵頤一番。這種大鍋大量的紅燒黃魚，汁稠味厚，去骨擇刺，把剔出來黃魚的蒜瓣肉，摻入少許豬油渣，加少許蝦子油回鍋再燒，拿來拌麵，鮮美溫醇，清腴而爽，比起炸醬又別是一番滋味。臺灣近海，金門黃魚尤以鮮美馳名遐邇，價錢又非常廉宜，凡我同好不妨換換口味，做頓黃魚麵吃，必定覺得不錯呢！

青海美饌烤犛牛肉

青海首府西寧，在湟水之南，古稱湟中，是通往甘肅蘭州的省道。青海以西，柴達木盆地草木蔥蘢、華實蔽野，是絕妙的一處屯墾畜牧大草原。青海蒙藏同胞都信奉喇嘛教，他們皮膚近乎棕褐，穿著打扮也沒有顯著的差異或標幟，所以外來的客人，往往把青海的蒙人誤為藏人。其實青海蒙人是多於藏人的，境內的游牧民族屬於額魯特蒙古支屬，他們所牧放的牲畜，除了牛羊之外，還有一種犛牛。

這種牛比一般牛隻軀幹偉岸，負重耐勞，牛身上的毛特別長，肚子下的牛毛，長可及地，有人拿來做拂塵。北平前門外打磨廠有專賣犀牛尾拂塵店鋪，所謂犀牛尾，其實都是用犛牛毛冒充的（**以前北平萬牲園曾豢過一隻，沒過幾年就成了動物標本室的標本啦**）。犛牛的角比一般牛角長大細潤，而且容易著刀。北平名金石家壽石工（鑈）有一長方形小篆「狂狷之間」閒章，無論從刀鋒、筆法、轉折、鈍錯各方面觀察，都看不出是牛角印章。不過用犛牛治印以四至五年生牛為佳，此時牛角紋理細密，容易奏刀，過老則堅重挺韌，用偏鋒時就不能圓轉敏實、揮灑自如了。犛牛的毛不但長，而且輕柔韌暖，染色之後除了做槍飾、塵帚、帽纓之外，還可以織成厚呢，平整光滑，跟帝俄時代俄國出品的「卡拉呢」同樣馳名，能禦豪雨，能抗奇寒，而且堅固耐穿，如果穿著仔細的人可以終身不壞。筆者曾經做了一個單袍，是墨綠顏色，雖然拿現在眼光看，尺寸肥而且短，已經不合穿著，可是每年六月晒衣服時拿出來，遇風依然明淨洵練，跟新的一樣。

近幾年來在臺灣好像吃牛排的風氣大為流行，大街小巷都設有牛排館，牛排的烹調方法，固然種類繁多，各有巧妙不同。從煎烤的生熟程度上來講，就有若干區別，有人喜愛外焦裡嫩，肉上還要帶點血筋的；有人要吃嫩而不帶血的；有人雖然也愛趕時髦吃牛排，可是血淋淋的，又不敢操刀而割往嘴裡送，於是關照侍者要煎得透點，結果端上來一盤烏焦的牛排，啃不動、切不開，請想這塊牛排能好吃嗎？

據此間吃牛排專家品評結果，現在在臺灣吃牛排，應當把神戶牛排列為首選。其實青海的烤犛牛肉醇厚豐潤，如果烹調得法，恐怕神戶牛排不一定能在人間爭誇第一呢！因為在青海吃犛牛肉，既不用操刀挑筋選肌，更用不著加工揉上蘇打粉軟化，您只要割下一塊手掌大小的肉，抹上當地特製的烹醬，在炭火上反覆烤熟，炙得肉香四溢，大碗酒、大塊肉，吃個盡興。那種塞上英雄伉爽豪情，跟生在珠簾玉戶，胸前塞著一方雪白硬挺的餐巾，裙屐如雲，銀匜佐酒，修然有度，慢慢咀嚼黑胡椒牛排的場面氣氛，又大異其趣啦。

海心山只有一家漢人姓單的聚族而居，除了出外貿遷的以外，大約有百十口男女住在島上，他們對於捉捕鰉魚、飼養犛牛，個個都是能手。全族主持人，他們稱之為當家的，這位單當家的儀容威重，談吐清曠凝遠，迴異塵俗，看他舉止敏捷幹練，不問可知是位武林高手。他說布喀河在封河之前，常有喜歡弄水的少年，在河邊嬉戲、河裡游泳，這在藏族同胞看起來是褻瀆海神，如果個人遭受天譴，尚屬咎有應得，萬一海神震怒，禍延全境，將海他遷，那還得了？傳說明世宗肅皇帝（嘉靖）不知因為什麼事情得罪布喀河神祇，海的幅員一夏天就縮小到周圍七百里。蒙藏同胞都是篤信鬼神的，從此每年在春季開河舉行一次祭典，每隔三年就聯合蒙藏回漢各族，舉行一次擴大祭海盛典，遠至湟中蘭州都有善信前來參加大祭。可惜筆者去非其時，沒能趕上他們鯷冠黎緤、絲鞭簷傘、琳琅瑩琇的祭典，單當家的雖訂有後約，可是時局動盪，再睹盛世元音，真不知要何年何月啦。

鮮腴肥嫩的青海鰉魚

太史公司馬遷說：「讀萬卷書，不如行萬里路。」筆者平素好動不好靜，所以對他老人家這句話非常服膺。中國幅員廣闊，山南海北，去的地方倒也不算太少，只是青海一帶嚮往已久，可是始終沒有機會一履斯土。抗戰前，碰巧有個機會到甘肅的省會蘭州、青海的省會西寧公幹，時屆隆冬數九，地凍天寒，誰都願意在家過個闔家團圓的舒服年，有了這種人棄我取、可遇而不可求的機會，自然是欣然束裝就道，冒寒西行啦。

根據《地輿志》的記載，青海境內，內海有二十餘處之多，海水柔弱，鵝毛都會沉底。有一處湖泊古稱「鮮水」，漢人稱它「西海」，蒙藏人叫它「庫庫淖爾」，是中國第一座鹹水湖。傳說在北魏時代幅員千餘里，周圍面積有六千四百餘平方里，有臺灣現在面積六分之一強，浩瀚無際，其大可知。這個庫庫淖爾湖冬不枯竭，夏不漫漶，磅礴蒼莽，綠雲如海，支流二十餘處，其中最大主流叫「布喀河」，河流中巑岏聳矗，疊嶂環抱，有兩座連峰鼎峙、峻壁千仞、嵚奇突兀的海上仙山。東邊一座叫海心山，傳說唐代每年入冬封河之後，把名駒良驥牝牡相雜牧放此島，明年得駒，必多駿異，世稱龍種，所以島也改名龍駒島。西邊一座叫海心西山，住有若干苦行潛修煉氣悟道、奇才異能修士，平時因為山壤肥饒，奇果佳樹，珍禽異獸，靡不畢備，所以穹石曲瀉之間互不相犯，硜硜自守。當年武俠小說名家還珠樓主李壽民兄所寫《蜀山劍俠傳》裡，對於海心山上亦仙亦俠人物詳細描述，大部分是他聽一位藏族煉氣士噶貢那彥圖所說的親身經歷，故事雖然光怪陸離，倒也並非全部虛構。

布喀河裡出產一種鰉魚，有人說鱘鰉一體，就是一種鱣魚。東北松花江在同江縣跟黑龍江會合的地方，也產鰉魚，而且松花江鰉魚的鼻骨脊骨又軟又脆，非常好吃，可是細一品嘗，其鮮腴肥嫩，就沒法跟布喀河的鰉魚相比了。大凡魚蝦一類鱗介水產，水溫越低，肌理就越發細嫩甘肥，冬雪封湖，堅冰盈尺，也就是鰉魚最肥碩細嫩的時候。

蒙藏同胞不嗜魚腥，向不捕捉，所以捕魚為業的都是當地的漢族。他們等湖上結冰逾尺，用一種尖頭四稜帶回鉤的鐵製鉤連槍，當地人叫它「冰穿子」，在冰上鑿幾個或大或小的冰洞，洞口掛上幾隻紅燈籠，就可放心回家睡大覺了。鰉魚久蟄湖底，深感冰下凝冱不舒，看見燈亮閃爍，燭影搖紅，自然徵逐邁前，騰波鼓浪，躍出冰淵。蒙藏人士平素以牛羊肉為主食，因此除少數漢族外，平日河裡魚蝦幾乎沒人捉捕，滋生繁衍數量極多，躍出冰窟的鰉魚小者都有十斤以上，大者當然更重了。鑿冰捉魚的當地土人說，如果碰上運氣好，天氣晴朗又趕上颳西北風，真有丈把長的鰉魚隨著魚群蹦上來，不一會兒冰窟四周堆滿了大小青魚，凍成一座小魚山一樣。

鰉魚的特徵是魚唇突出、骨軟肉細，稍大一點的鰉魚，魚頭裡充滿了魚脂腦髓，比起我們日常吃的紅燒鰱魚頭，還要腴美甘肥。這些湖泊河川，當地人一律稱之為海，天地深廣，芳草如茵，據說有幾處海水鹽分特別濃重，水呈深青色，跟從天津坐海船去上海，經過黑水洋海面一樣陰森可怕。海裡不勝舟楫，當地鹽戶引水上岸，用水晒鹽，別處晒頂多黃白兩色，可是青海鹽湖不同地段晒出來的鹽，分青紅黑白四種顏色，鹽的鹹淡鮮度雖然大致相同，可是水產就大有差別了。據說能產紅黑鹽的地區，無論魚蝦都是特別鮮嫩肥碩，筆者因為停留時間短暫，只好姑妄言之，姑妄聽之而已。

舉筷不忍吃鴿子

前幾天立法院開會，有人談到最近臺北人又一窩蜂的吃鴿子，什麼黃燜乳鴿、油淋乳鴿、生烤雛鴿等，自己國內鴿子供應量不夠，甚至不惜浪費寶貴的外匯，進口洋鴿來供應餐館，一飽老饕的饞吻。最近中華電視台有人在三重市餐廳吃烤乳鴿，吃出兩枚用來記載鴿子標幟的套環來，足證現在鴿子吃風之盛，已經到不管是肉鴿、賽鴿，一入獵捕者特製的網子，不管它是什麼萬金名種，或是遠程鋼翼，一律稱斤論兩送進庖廚，變成俎上之肉。

我友「北平通」金受申兄，隸籍蒙旗，據說元朝作戰時期，黃沙無垠，連亙千里，軍中傳書，全賴信鴿，所以對於鵓鴿，不准任便烹殺。後來幾位皇帝聽信方士讕言，說是每天進食清燉鴿子可以益壽強身，這一傳說不要緊，搞得大家大吃鴿子，蔚為風尚。燈市口靠近救世軍總部有一大鵓鴿市、小鵓鴿市，就是元朝鴿子的交易市場，到了抗戰之前，每逢隆福寺廟會之期，東西牌樓神路街一帶，還是北平城裡最大的鴿子市。賣野鴿子（**又叫樓鴿，這個樓鴿的「樓」是否這樣寫，要請教蓋仙夏老師了**）的賣家，鴿子分籠列肆，待價而沽。至於專賣鴿子哨，什麼單響、雙響、九響帶回音，綁在鴿子身上飛在天上清音逸響，超逸絕塵，那比「直升機」、「七四七」穿雲動谷的嘈雜，要悅耳多啦。

北平是禮義之邦，養鴿子也有養鴿的禮數。從前古板人家准許子弟養鴿子，也有他的道理：第一，養鴿子的人必須早起登高，鴿子多的人家，還要把鴿子分撥，驚起來飛上半天，打盤圍著自己屋子飛圓圈，越飛越高，圈子越大。假如自己的鴿群訓練有素或是鴿多勢眾，若遇上附近也有養鴿子的，在高空三五個迴翔，就能把人家的呆頭呆腦的鴿子裹幾隻回來。當時養鴿子的有個不成文的規定，凡是打盤裹回來的家鴿，一經查明原主，必定親自送還，既不得私留餵養，更忌私自殺害，如有違反則屬於流氓行徑，遭人鄙視了。

北平人把樓鴿、燕子、蜜蜂，同時視為祥瑞之物，燕子搭窩、蜜蜂築巢，誰都不去驚動它們，尤其樓鴿不會自營窩巢，多半棲息在穿堂、遊廊、後廈、高堂邃宇、丹楹簷椽之間。房屋主人看見樓鴿惠然肯來，多半找幾隻裝僧帽牌洋蠟燭的小木箱，鋪上點舊棉絮，架在重棼瓊構之上，從此怡然定居，螽斯衍慶了。鴿子隨地糞便，弄得礎壁皆汁，蜿蜒狼藉，所好佣人隨時清掃沖洗，積存起來可以賣給花場子當肥料，尤其純白無雜色的特別好賣，用絲線沉在盛白乾兒的大酒缸裡，既去水氣，加重酒的醇度，價錢賣得更高呢！

在北平，除了江浙館有油淋乳鴿、紅燜肥鴿，以及廣東館的生菜鴿鬆外，其餘魯豫陝晉各省飯館，很少有拿鴿子做菜的。靠著北平大學有個地名叫漢花園，清初叫南花園，四方所貢奇花異卉都在該地培植，各省徵來的高手花匠也都齊聚在此。後來因為南方人住在那兒的人很多，又改名漢花園。到了北平大學成立，莘莘學子負笈來學的日漸增多，東齋西齋住滿，就只好賃居公寓啦。

住的問題解決，吃的問題又來了。會動腦筋的人，於是在沙灘漢花園東齋西齋左近支起攤子，飯攤酒肆如雨後春筍相繼設立。於是水陸雜陳，味兼南北，從前一些南來花匠，稍諳割烹之道的，也就改行客串起掌勺的了。有位弄蘭花的曹老爹，平常喜歡喝兩杯，他做的滷雛鴿、罐燜鴿子，味醇質爛，香酥適口，不但南來學子趨之若鶩，就是國學大師林損、會計名家胡立猷，都是曹老爹的座上常客。騾馬市大街賓宴春的鴿蓉酥餅，不但皮子酥潤不油，餡子更滑香鮮嫩。當時跟公園柏斯馨的咖哩牛肉餃，被江亢虎讚為點心中二絕，要非虛譽。此外前外䘵元館中一道八寶鴿子，除了冬菇、火腿、干貝、小河蝦之外，他們不用糯米，而用薏仁米，濡而不糯，潤而不油，可算鴿子中一道名菜。

最早北平誰家養鴿子，雖然不是每隻鴿子套上腳環，可是誰家鴿子各有各的識別方法，一望而知。廚房採辦偶不小心買回來了，只有自認倒楣，一律放生，絕沒人把家鴿當作肉鴿烹而食之的。北平吃鴿子的不多，野生肉鴿繁殖甚快，可以說吃之不盡，供過於求，當然物美價廉，更談不上吃隻鴿子要浪費外匯啦。

有人說，殺鴿子要把銅錢孔套在鴿子嘴上，把鴿子悶死，然後宰殺，鴿子才鮮嫩好吃。我認為為了滿足口腹之慾，讓鴿子這樣死法，未免太殘忍些，所以任何做法的鴿子，登盤薦餐，雖有朋友堅勸，我仍舊不動筷子。

有一年鹽務稽核所繆秋杰召集鹽務方面商人開會，進餐時有一道雲腿清燉乳鴿，據所裡主廚師傅說：「鴿子用銅錢悶斃，血液阻滯，既不衛生，肉也變得柴老粗硬，照一般割烹辦法，反而鮮嫩腴潤。」他所煨的鴿子湯，果然清而不濁，鮮而不膩，是湯中雋品。座中有位貴州思南縣人，他說我們吃的都是野生肉鴿，烹而食之毫不罪過。當年他們縣裡新上任一位縣大老爺，不但吃齋念佛，而且不願殺生，老百姓在稻田捉田雞固然不許，平素棲息樹林的野鴿，也禁止捕食。到了稻穗大熟，鄰近的野鴿也都紛來覓食，大吃田禾，弄得老百姓收成不夠吃，甚至田賦都繳不上，後來那位縣太爺就因此丟官。接任縣令一到差，就鼓勵大家捕食野鴿，於是街頭巷尾的燒臘攤、滷味鋪，臘脯脩醢，幾乎成了鴿肉世界。

雞蛋糕越來越美

我們上街走過大街小巷，只要有茶食點心鋪，就可以買得到雞蛋糕。雖然都是雞蛋糕，可是精細粗糙口味卻大大的不同，不過雞蛋糕是老少咸宜的大眾化甜點，則是古今中外一致公認的。

北平有一種專賣舊式點心的像蘭英齋、毓華齋等鋪面，據說這些店久歷滄桑，由元而明清，幾代相沿、慘澹經營遺留下來的，足證早在元朝就有雞蛋糕了。不過當時不叫雞蛋糕而叫「槽子糕」，因為最初是打勻了的雞蛋，倒在長方形木槽裡蒸，等到蒸熟再切條分塊。最早本是皇家郊天祈福祭祀用品，到了後來做成桃形、萬勝形、銀錠形，放上青絲紅絲染色百果，就變成問名納采的聘禮了。

南方的茶食店如稻香村、桂香村等，北來平津開店，也都做雞蛋糕，形狀多半是五瓣梅花形，正中印上紅色雙喜盤花，或是福壽高升的印戳。這種蛋糕蒸得鬆軟，表裡一致，都是淡黃顏色，跟喇嘛僧穿的袍褂顏色一樣，所以北平人士又叫它「喇嘛糕」，跟北平點心鋪的槽子糕顏色外棕內黃就大不相同了。

給人送禮，喇嘛糕的包裝很特別，一般茶食店是用篾片編成透空底面兩片，墊上油紙，加上市招，輕巧別致。喇嘛糕油輕質鬆，容易消化，如果是探病送人，是頗受病家歡迎的！

自從歐風東漸，歐美的麵包房西點鋪也像雨後春筍，越開越多，像天津的百樂門、曼陀林、鼎順和、巧佳、巴黎幾家。有的是純粹洋人獨資經營，有的是華洋合作，點心雖然各有一兩樣拿手，所做蛋糕卻都還夠得上水準。北平雖然也開了不少家麵包房西點鋪，例如西吉慶、濱來香、榮華齋、二妙堂、小食堂、亞北、明星等，但這些麵包房西點鋪的做手，所學手藝似乎有欠精純到家。

從前北平藝專的校長林風眠，在某次茶會上致詞說：「咱們同學的西洋畫，多少總帶點中國畫的風格，就拿現在咱們吃的洋點心來打比，雖然也式樣美觀，適口充腸，可是細一品味，跟真正外國點心總有點差別。」林校長這句話，我始終牢記在心。

後來法國醫院特地從巴黎聘一位名庖，供應醫院病人伙食。因為所做各式餐點巴黎風味十足，頗受都中仕女歡迎，於是又在崇文門大街開了一家法國麵包店，不但麵包花樣繁多，就是點心、糖果、餅乾也都別出心裁、珍錯悉備。尤其鮮奶油蛋糕，有的摻紅酒，有的加白蘭地，要加水果，則加水蜜桃、鮮草莓，悉聽尊便。

抗戰軍興，國軍轉戰西南，除了德、義外僑，其餘各國僑民，一律關入集中營。聽說當時日酋華北駐屯軍，有位叫松崎的大佐是留法學生，對花都烹調技術始終不能忘懷。現在遇到法國菜割烹能手，居然皇恩特赦，免去集中營的勞役，一下子這位法國大師傅就變成御用廚師啦。抗戰勝利之後，聽說那位大師傅很賺了點日本人的錢，同時更以勝利者的姿態回到法國，頤養天年去了。

民國三十四年勝利之初，筆者剛到臺灣，西點鋪製售的西點，不是太甜，就是太黏。送人生日蛋糕，有的厚厚一層咖啡糖殼，要不就是花紋重疊、五色斑斕、甜得刺喉的糖衣。說到蛋糕本身，一律是用鴨蛋做原料，製成蛋糕又乾又硬，咬一口能掉下一堆蛋糕屑來。吃這種蛋糕，最好先準備一杯果汁或茶水、咖啡，邊吃邊喝，否則不是噎得難受，就是乾得嚥不下去。

朱佛定氏生前做省府民政廳廳長時，初到臺灣，不明就裡，有一次參加茶會，把盤子裡的蛋糕咬一口嚥下去，嗆得咳嗽不已，從此他參加這一類茶點聚會，只敢拿點小茶餅一類點心來充饑。過沒兩年，武昌街開了一家明星西點店，是由一個白俄老婦人主持，那可比一般日本式西點要高明多了。跟著西門一帶開了幾家西點糖果店帶售西餐的店鋪，那跟北平的小食堂、亞北做法，仍在伯仲之間，吃蛋糕可以不致於噎人了。後來信義路東門附近開了一家國際西點店，蛋糕製作又邁進了一步，和興、順成、普一、紅葉、金葉繼之而起，一般吃客也都厭棄一吃一掉麵兒的日式蛋糕。西點店在製作方面也力爭上游，力求精進，那跟十年二十年前的雞蛋糕相比，簡直不可同日而語了。

筆者對於奶油蛋糕，從小就有偏嗜，只要聽說哪家有好的奶油或鮮奶油蛋糕（早年，平津滬漢，除了上海禮查大華飯店碰巧偶或有鮮奶油蛋糕外，其他各地只有奶油蛋糕而已）必定要嘗試一番。前五六年在木柵溝子口發現一間西點店，所做生日蛋糕，嚌啜其味，鬆美細潤，香料糖分都恰到好處，指明加什麼水果、哪種酒類，也能照客人的意思如法炮製。所以他家蛋糕卉醴湛溢，蜜漬精細，比起香港幾家著名大飯店、酒店做的蛋糕，也毫不遜色。

近三五年來，各大都市忽然出現若干日本長崎蛋糕店，在布置方面雖然都是丹楹瓊構、奐奐瑩窗，包裝方面更是采馃綺紈、錦彩粲目。談到蛋糕的滋味，可能跟臺省的海綿蛋糕不相上下，偏偏有少數人視同玉食珍味，那也只好說口之於味，各有所嗜罷了。我們中國有一句老話是：「沒有雞蛋做不了槽子糕」，抗戰剛一勝利，筆者由資源委員會派赴東北熱河北票煤礦工作，因為共黨李運昌部一再傾巢來犯，先是晝夜不停的攻擊礦區水源地，繼而以人海戰術前仆後繼死纏方法搶攻變電所，很顯然的共黨對於北票煤礦是志在必得了。礦裡為同仁眷屬的安全起見，於是把礦內同仁的老弱婦孺附在運煤火車後面，掛了四節眷屬專車，把大家先送往錦州安置。專車到了義縣，因為軍車壅塞，等了七小時，車站裡不能掣發路籤，本來專車當天可以到達錦州的，這一耽誤不要緊，只好在錦州過夜了。所帶吃食不多，大人還可以忍饑耐餓，襁褓小兒可就麻煩啦。

筆者正在站台上蹀來蹀去無計可施，忽然有一位鬚髮皓然、步履趑趄的老頭兒，走到我跟前叫了一聲「老長官」，報名陳盟生，前兩月在礦場退休，請領退休金是我幫的忙，當天就全數領到手，所以一直把我的面貌記得很清楚。他知道火車一時半刻還不能開，所以買了一包蛋糕讓我先點點饑、擋擋寒。我一聽是雞蛋糕，立刻喜出望外，這等於雪中送炭，令人感激萬分，同時掏出一搭子東北流通券來，請他再幫個忙，盡錢的數量能買多少就買多少這樣的蛋糕來。結果去了半天，他跑遍了義縣車站附近的糕點鋪，才買回十七盒來，趕緊分給有吃奶孩子的同事的女眷，用開水沖蛋糕給小孩吃，我也拿了一塊嘗嘗，名為蛋糕，可是我從未吃過這種甜雖甜，可是粗而發得不透的蛋糕。過後才知道，戰後物資缺乏，在東北小縣分裡，雞蛋、白糖都成異品珍味，這種蛋糕甜的是蜂蜜，主要材料是加工棒子麵兒，再摻上一點白麵，發好蒸出來，就算是槽子糕了。

由於這樁事，可以證明「沒有雞蛋做不了槽子糕」這句話，在我心裡也不能成立，同時體會到有一種自命不凡的人，總認為某一件事非他不可，故意拿喬。由義縣沒有雞蛋照樣做出槽子糕的事例來看，天下無難事，只怕有心人，足可作為處世做人的殷鑑，因為談雞蛋糕興起了這段往事，附帶寫出來。

醬肘子、爐肉、燻雁翅

幼年在北平時節，就喜歡吃盒子鋪裡做的醬肘子和爐肉、燻雁翅。每天下午學校一放學，必須走過西單牌樓天福醬肘子鋪，大家叫它「醬肘子鋪」，乍一看只有一間門臉，並不十分起眼，其實是一家大盒子鋪外帶肉槓。天福的醬肘子，不但煮得極爛，由於多年老湯關係，鹹淡鬆爛有肥有瘦，非常入味。放學回家正是餓腸轆轆、食慾最強的時候，天福對街寶元齋烙的「叉子火燒」正好剛剛出爐，熱火燒一夾肥瘦適當的醬肘子，肥的部分見熱就溶化了，咬一口順著嘴流油，凡是吃過天福醬肘子夾熱火燒的朋友，大家湊在一塊兒聊天談起來，沒有一位不是饞涎欲滴的。爐肉也是盒子鋪的製品，分掛爐跟叉子烤兩種。臺灣沒有盒子鋪，自然吃不到爐肉啦。

爐肉都是接近吃晚飯時間才出爐，新疆督軍楊增新是雲南蒙自人，他說他的家鄉會做一種燒肉，跟北平的爐肉一個滋味，把剛出爐的爐肉蘸著頂好的蔭油，再配上將出屜的熱騰騰白米飯，他可以連吃三大碗飯，覺得比請他吃燕菜席還落胃。其實冬季吃火鍋，加幾斤爐肉在鍋子裡，肉皮雖然不酥脆了，可是鍋子湯就別有一番鮮味了。

燻雁翅其實就是燻大排骨，在燻的時候塗抹上一層紅麴，北方燻吃食，跟江浙不同，江浙用紅糖或茶葉，北方則用鋸末子燻。據說四川樟茶鴨，就是南北合的燻法，倒也別有風味。燻雁翅百分之百是下酒菜。北平是春夏秋冬四季分明的都市，一交立秋真是一場秋雨一場寒，在幾陣連綿秋雨之後，已涼天氣未寒時，買點滾熱的糖炒栗子，來他一斤半斤的燻雁翅，約上三五知己，低斟淺酌來欣賞秋雨，沒嘗過這種滋味的人，是體會不出這份情調雅趣的。如果有吃不完的燻雁翅，把排骨上的肉撕下來，用豆嘴加點黃醬一炒，拿來當啜粥的小菜，更是別有風味，現在回想起來，真令人有低迴不盡的情懷。詩人林庚白說過，北平有許許多多讓人說不出的情調，拿燻雁翅來下酒聽秋雨，就是別處沒法享受得到的。

現在臺灣的平津大小飯館，越開越多，差不多都賣醬肉、芝麻醬燒餅。筆者記得當初在北平，肥一點的，大家都叫醬肘子，瘦一點的，叫醬肘花，很少有叫醬肉的；來到臺灣，醬肘子也好，醬肘花也好，一律改稱醬肉。齊如老生前認為，改叫醬肉是極有學問的，既然不叫醬肘子，名稱不同滋味自異，誰又能說跟北平的醬肘子不一樣呢，根本就是兩碼子事嘛！

滿洲習俗，姑娘許配人家，先放小定，是送一對荷包，然後擇日正式放定。男方送女方聘禮，除了豬羊鵝酒之外，講究人家還有送烤小豬的，女方收下男家這些禮物後，要把這些禮物分送至親戚家中，由他們自行留用，當然把聘禮留得越多，將來姑娘出閣，份子送得越厚。烤小豬是眾所歡迎的聘禮，割下一兩斤烤小豬來，先把酥而且脆的皮起下來過油一炸，到嘴裡一嚼又脆又香，所以叫它「炸響鈴」。把去了皮的烤小豬，切成大薄片來熬大白菜，加上豆腐粉條，倒也不錯。還有人特地到盒子鋪買點爐肉熬大白菜呢！

廣東是最講究吃明爐乳豬了，姑娘出嫁三朝回門，男方如果有明爐乳豬送給親家，這就說明新娘子真正是個黃花大閨女，女方必定懸燈結綵燃放鞭炮，大宴親朋誇耀一番。如果小姐回門沒有金豬伴送，則女方感覺臉面無光，也就熱鬧不起來了。在早年廣東省新姑奶奶回門有沒有烤乳豬，還是件大事呢！這種乳豬講究用二三十斤的小仔豬，烤出來紅噉噉油汪汪，皮薄而脆，肉嫩而細。廣東會吃的朋友說帶皮乳豬跟鮮豬肉合燜，名為「富貴雙甌」，不但吃起來腴潤不膩，別有一番滋味，並且有人認為運氣不佳、做生意不順手的生意人，吃了這種富貴雙甌，還能轉運大吉呢！

近十年來台北廣東式的酒樓飯館的確開了不少，談到燒臘手藝真正合乎標準的，實在並不多見。有幾家酒樓，自吹自擂認為他家燒臘可以媲美港九，可是老饕們試吃之後，也未見高明。那些美食專家細一研究，並不是這些大師傅們的手藝有欠高明，而是臺灣屬於海洋氣候，又在回歸線上，高溫多濕，就是冬季也不例外，尤以臺北為甚，請想，灌香腸肝腸，做臘肉臘鴨，在陰濕的氣候，就是技擅易牙，也沒法子做出夠水準的燒臘來呀。筆者前年去泰國遊覽，曼谷唐人街的耀華力路、石龍路一帶廣式菜館，他們請來的師傅，並不一定比我們這裡廣東師傅手藝高明，可是他們的燒豬肉、明爐乳豬，都比臺灣乳豬烤得脆而且酥，就是香腸味道也來得夠味，甚至曼谷江浙館做的烤鴨也是迸焦酥脆，比臺灣北方館子烤的也稍勝一籌。並不是說咱們手藝不如人家，而是空氣濕度太高，鴨子一出爐，就是從廚房用推車把烤鴨扣上玻璃罩子推到席面旁邊來，片皮削肉那一折騰，鴨皮夾片兒火燒裡，十有九次都是嚼不動的，那能怪誰呀！鴨子如此，燒豬肉又何獨不然？最近民生東路有一家潤記小館，燒豬肉由小老闆自己動手烤，每次只烤三五斤，現烤現吃，從廚房到燒臘架子不過十來尺遠，這種燒豬肉博碩肥腯入口酥脆，是筆者旅臺以來，所吃燒豬肉中足堪跟北平的爐肉相互媲美了。

至於燻雁翅，臺北幾家北平飯館全都問過，知道的人並不太多，就是知道印象也不太深，再問賣燻滷醬醃的鋪子，十之八九也都含糊其詞。料想這個下酒的雋品，恐怕得回到北平吃，才能一邊撕燻雁翅，一邊喝著海甸的蓮花白呢！

下酒雋品烏魚子

在未來臺灣前，只聽說臺灣的冬季，當寒流來襲時，臺灣海峽就有大量烏魚出現，一網魚罟，可以立成巨富，但是沒有提到烏魚子。

光復後來臺，有一天跟舍親張文田、游彌堅在台北市西門鬧區飯後閒遛，經過伍中行，游先生指著玻璃櫃裡用繩子穿著的一對五寸多長棕褐色、半透明的東西說：「這是臺灣名產烏魚子，不過這是去年陳貨，色重鮮褪，等今年冬季新烏魚子上市，用烤烏魚子來下酒，你們就知道它的清逸浥潤，是下酒的妙品啦。」

當時因為對烏魚子沒有什麼印象，也就忽略過去。有一天，說是西伯利亞寒流來襲，雖然臺灣的三九天，怎麼說也夠不上「冷」字，可是一般日式房子，到處都透風，寒意襲人也不十分好受。於是臨時約了兩位朋友到上林花去吃暖鍋，趕趕寒氣。上林花有一酒女，酒量如海，一打啤酒下肚，依舊談笑如常，特級清酒或是福建的四半酒（彼時公賣局尚未產製紹興、花雕、茅台、五加皮一些高級酒類）喝個兩三瓶面不改色，根本不算一回事，於是一些酒客奉上尊號，叫她「航空母艦」。她雖然不是雲髻峨峨柔情綽態一類酒女，可是應付一般千杯不醉的酒客，能毫不怯場，從容進退，應付裕如，所以當時「航空母艦」在酒國裡也算響噹噹的人物。

我們因為不時到上林花飲酒，所以「航空母艦」看到我們雖不當番，總要過來打個招呼。點菜時節恰好她前來周旋，她說烏魚子剛剛上市，建議我們叫個烤烏魚子來嘗嘗。

侍者端上來一圓瓷盤，一盤烤得金光燦爛的烏魚子，切成薄片排得整整齊齊，配上蒜粒，真是琅玕瑩琇，清鮮味永，芳而不濡，引卮品嘗，無怪日本人把烤烏魚子視同盛食珍異了。

前屏東縣長張山鐘說：「屏東是農業縣，人民生活並不富庶，從屏東潮州東港到恆春一帶，到了魚汛，沿海漁民倒可以舒舒服服過個肥年。因為烏魚是一種惡寒喜暖的魚類，雖然老家是朝鮮海峽舟山群島以北一帶海域，可是每年交冬，西伯利亞巨大寒流洶湧南逼，它們受不住酷寒侵襲，於是就成群結隊，游向臺省中南部海面，每年魚汛，相差不超過十天，適時而來，極少延誤，所以叫它『信魚』。臺省漁民對於烏魚汛期特別重視，只要一現魚蹤，他們憑多年經驗能測知烏魚何時到達近海，立刻集合船隊出海圍捕。臺灣民間相信烏魚是財神魚，魚汛如果豐收，有的人立刻變成巨富。為了怕瀆犯財神，因此臺灣祭祖先、謝神祇一律不用烏魚。南部漁村中父老相傳，海裡管領魚類的尊神，就是農曆十月初十壽誕，民間焚香膜拜的水仙尊王，背後也有人稱祂為萬魚王。因為每年歲時伏臘，人人都得購辦年貨，添置衣物，在在需錢，水仙尊王於是在過年前，把大批烏魚趕來，讓漁民盡量捉捕，大家好過個肥年。漁民也為了仰答天庥，選擇水仙尊王誕辰那天舉行大祭，酬神謝蠟。」

他老先生說得其來有自，而高屏沿海一帶村鎮，真有十月初十在水仙尊王廟前唱歌仔戲謝神的。總而言之，有些民間傳說，原來是有其事實根據的，不過年深日久，漫無可考，加上以訛傳訛，就變成無稽的神話了。

依據營養學家分析，烏魚子含有大量蛋白質和少許脂肪。用砂鹽漬後晒乾，漬的時間長短，晒的光熱夠不夠都有講究；烏魚子晒到某一種相當程度，要用大石板把烏魚子壓得平扁堅硬，這最後壓烏魚子的技術，對於烏魚子的外觀、滋味、耐久，都有莫大影響，那就要看老師傅的手藝高低啦。

吃烤烏魚子也需要相當技巧的，切烏魚子厚薄是很重要的條件。太薄嚼起來不夠味兒，太厚外面焦枯裡面還沒烤透，黏牙滯膩，濡而不爽，吃起來就減色了。人家烤烏魚子技術高明的，先用清潔棉花沾清酒或紹興一類醇和淡酒，把烏魚子拂拭乾淨，忌用高粱、大麯一類烈性濃厚醇酒，恐怕強烈酒味滲透，削減了魚子的鮮味。切片之後，用炭火烘烤，有人用電爐烤，似乎也不對勁。佐以淡酒，隨烤隨吃，才能體會出烏魚子芬郁清馨的妙處。

日本人一直就把臺灣烏魚子視同遠方珍異，如果送他們烏魚子，那算是頂名貴的海產了。近兩年泰國等東南亞一帶國家，也都認為烏魚子是遠方玉食，最受歡迎的特產。現在時交立冬，轉瞬小雪、大雪，烏魚汛不久即將來臨，希望沿海漁戶隨時提高警覺，千萬不要錯過一年一度發財的好機會。

烤涮兩吃，經濟解饞

遠洋連續吹來幾陣寒流，節過小雪。臺北的氣候，才剛有寒意，可是敏感的紳士淑女，已經陸續換上了冬裝，飯館裡也都添上各式各樣的暖鍋招徠顧客了。

記得當年在大陸，一交立秋，東來順、西來順、兩益軒、同和軒一類回教牛羊肉館，立刻把「烤涮」兩大字的門燈，用光彩的小電燈圍起來，歡迎喜歡嘗鮮的人駕臨了。

北平牛羊肉館雖然烤涮都賣，可是客人一進門，堂倌總要問一句：您吃烤的還是涮的？換之烤涮兩吃，大不相同。吃涮鍋子以羊肉為主，什麼「上腦兒」、「三叉」、「黃瓜條」加上腰、肝、肚子，光是從羊的身上找，能叫出十多種名堂來。煽個鍋子，火勢熊熊，熱水滾滾，完全是君子之交，淡淡如也。要得湯好，您得多往鍋子裡續肉片，肉多湯自然肥腴鮮美了。吃鍋子的作料，醬油、高醋、滷蝦油、紅豆腐滷汁、麻油、辣油、韭菜泥之外，講究的館子還要準備一點麻楞麵兒（**不加鹽的花椒粉，飯館裡叫麻楞麵兒**），因為不管多好的綿羊，總是帶點羶味，調味料裡加上點麻楞麵兒，則腥羶之氣就全解啦。

鍋子一端上來，鍋子裡什麼作料都沒有，只是白水一鍋，會吃的主兒，一定先叫一個滷雞凍兒下酒。是老主顧一叫滷雞凍，跑堂的一定給您上個七寸盤，雞肉少，凍子多，喝完酒把雞凍往鍋子裡一倒，鍋子裡的白水自然變成雞湯啦。涮鍋子要一片一片涮著吃，才能老嫩得當，甘肥適口，增加吃鍋子的情趣。要是碰上同席是不管滋味，專講快的朋友，整盤子的肉往鍋子裡一倒，不管生熟老嫩，就夾出來大啖一番，那可就大殺風景了。

記得北洋時期有位國務院秘書長惲寶惠，不論在家出外，大宴小酌一律不用筷子，而用手抓。他吃涮鍋子，照例是整盤肉片往鍋子裡一倒，熱湯鼎沸，他老人家自然無法伸手下鍋，於是立刻用湯勺撈進碗裡，用手抓來大嚼，所以當時政壇大老，酒會應酬，都怕跟惲秘書長同席。當時國會議員烏澤聲，時常跟惲老同席吃涮鍋子，每次他必定讓堂倌關照灶上，來一大碗白菜粉條氽羊肉片，讓惲老一人獨啖，而惲老也頗怡然自得，毫無生氣，說這是兩便吃涮鍋子，這件宦海逸聞，現在知道的人恐怕不多了。

吃烤肉從前是以牛肉為主，吃烤羊肉的也不能說沒有，不過少而又少罷了。當年北平最著名的烤肉宛、烤肉陳、烤肉紀，最初都是推車擺攤的小本經營，預備的調味料因陋就簡，也不齊全。就連鼎鼎大名的正陽樓，吃烤肉的調味料，也不過是醬油、米醋、清水、大蔥、香菜三幾樣而已，自烤自吃，雖然顯得粗獷，不夠文雅，可是也有一種駘蕩恣肆的豪情。老一輩的人吃烤肉，不嚼蒜瓣，不放辣椒，他們說站在火旁邊隨烤隨吃，喜歡喝兩杯的，再來上四兩「燒刀子」，火氣已經夠大了，再吃大蒜辣椒，那就等著鬧口瘡嗓子痛吧！所以北方人雖然嗜食大蒜，可是吃烤肉，大蒜就免啦。

光復之後第二年冬天，臺灣有賣烤肉的，有位朋友忽然想起吃烤肉來，筆者為了給大家解饞，於是讓工匠們做了一個支子，工人因為沒見過支子是什麼樣，所以怎麼指點做出來仍舊不是那碼子事。上面是密密麻麻的一根根圍爐條，用牛油擦了又擦，居然不漏湯可以將就用了，於是在舍下後院裡，架起支子，大烤特烤，大家自然吃得津津有味，到現在還有朋友樂談這件趣事呢。

後來廈門街螢橋淡水河畔，開了幾家露天烤肉，那時大家剛來臺灣，大陸的烤肉是怎麼回事，也還有點印象，客人也是吃過烤肉的，賓主印象猶存，所以一切還不離大譜兒。自從螢橋露天市場取消，好像只有李園賣過一陣烤肉，後來因為改組也就收歇不賣烤肉了。最近幾年經名票吳兆南提倡，烤涮牛羊肉似乎又勃興起來，而且花樣翻新，烤涮兩吃一百幾十元管夠管飽。每家烤涮餐館講排場、論陳設、談布置，都是紫翠丹房、珠簾玉戶，比起螢橋露天烤肉的竹籬茅屋，簡直不可同日而語了。

現在臺北烤涮兩吃的餐館，談吃涮的，每人奉上一隻生雞蛋，是給您打散摻在調味料裡的，這是從吃日本雞素燒學來的。燒焦的肉片蘸上生雞蛋，冷熱一均衡，可以不燙舌頭，倒是法良意善，可惜真味全失，跟從前涮鍋子的味道不同，筆者每次去吃，總是把個人應得的一枚，打到鍋子裡當臥果兒吃。有一回鄰座幾位女士笑我土包子不會吃，可是我覺得熱湯熱水臥個雞蛋吃，比打碗黏乎乎腥不拉幾的要好吃多了。口之於味，各人喜愛不同，那是沒法子勉強的。

再談吃烤的吧！烤肉跟涮肉正好相反，一說吃烤的，是指牛肉而言，就如同說吃涮的，是指涮羊肉一樣，沒聽說涮牛肉的。至於牛羊兩來，那是抗戰以後才興，以前是互不混淆的。臺灣吃烤肉作料可太齊全啦，除了大陸吃烤肉應有的作料外，有大白芹、包心菜、生菜絲、洋蔥片、綠青椒、西紅柿、檸檬汁、生薑水、腐乳湯、辣椒醬、糖漿、蒜液；至於肉類，更是五花八門，除了牛羊肉外，還有雞雉鹿獐等，肉類自選，作料各隨所需，可是烤肉要原碗遞給頭戴白帽、身穿白衣的師傅倒在支子上去烤，不能親自動手。師傅果然都是烹調妙手，三下五除二，迅速簡捷，往原來裝生肉的大碗裡一撥弄，您拿著烤肉回座品嘗吧！

像我們一些從大陸來的老八板，任你珍錯畢備，仍舊我行我素，肉類旨在牛羊，作料只取香菜、大蔥、醬油，可是要由技擅易牙的大師傅代烤，火候老嫩，不能隨心所欲，還要回到原桌去吃，總覺得比站在支子旁邊隨烤隨吃，滋味不太一樣。尤其生肉碗再盛熟肉吃，想起來總有點不太對勁，如果能把烤肉另換新碗，那就盡美盡善啦。當年在北平烤肉，總是來碗小米粥，或是到咖啡館來杯濃咖啡去去油膩。現在臺灣的烤涮兩吃，吃完烤肉，喝碗鍋子湯，油膩也消啦，這種大吃小會鈔的吃法，在目前來說，可算最經濟、最解饞的辦法啦。

果脯、蜜餞、掛拉棗兒

早些年南方朋友到北平辦事或觀光，離開北平前，總要帶點北平的特產土產回去送送親友。買文具多半是銅鎮尺、電鍍墨水匣、細鏤精雕各式印紐的銅圖章；買點心少不得是大小八件，卷酥、菊花餅、小炸食、薩其馬；如果想買點可口零食，十之八九要到乾果子鋪買幾樣果脯，用匣子裝好，帶回家鄉送人，那是最受歡迎的北平土產了。

北平的乾果子鋪，最早是以賣果脯為主體的，所以叫乾果子鋪。果脯有桃脯、杏脯、梨脯、蘋果脯，還有金絲蜜棗去核加松子核桃等。果脯是什麼朝代開始有的，現在已經漫無可考，老北平說：明朝末年就有人發明做果脯了。後來有人考證古籍，發現唐朝天寶年間就有了。明皇的寵妃楊玉環愛吃蜀地荔枝，是眾所咸知的，每年五六月間荔枝一成熟，唐明皇就派專使，騎了驛馬兼程飛取。杜牧詩裡有

「一騎紅塵妃子笑，無人知是荔枝來。」到現在南國所產荔枝，還有一種叫「妃子笑」的呢，足證當時實有其事，否則不會把名種荔枝取名妃子笑的。

荔枝是一種水分多、糖度高、不耐久藏的水果，長安距離蜀地，雖非千里迢迢，可是驛馬急足，遞呈到御前後宮究竟是什麼樣的荔枝，簡直不敢想像。《經史類編大觀草本》有這樣記載：「福唐歲貢白暴荔枝，並蜜煎荔枝肉……」白暴是荔枝乾，蜜煎就是蜜餞，那就是說在一千三百多年前唐朝時代，就有果脯蜜餞一類製品了。再往前推溯，按《三國志》的記載，就更早啦。《吳志　孫亮傳》：「亮後出西苑方食生梅，使黃門至中藏取蜜漬梅。」照此看來，豈不是一千七百多年前，我們就會蜜漬水果甜食了嗎？至於原始的果脯是什麼樣子，有人說和生果同樣，不剝皮不去核，只是濾去水分，能夠久藏，不虞霉變而已。自從時代進步，果脯經由御膳房成為上方玉食之後，才成為細品甜食的。

一九一三年以前，巴拿馬舉行國際商品賽會，北平隆景和乾果子鋪的少東，頭腦很新穎，他想把自己櫃上醃製的果脯送去賽會。可是老掌櫃過分保守古板，說什麼也不願意，逼得這位少老闆沒辦法，於是跟前門外大柵欄聚順和乾果子鋪打商量，他把隆景和做的果脯每樣拿了幾斤，以聚順和名義，親自送到巴拿馬會場去比賽。裝果脯的罎子是加綠釉的粗陶，跟萬綠叢中一點紅漂亮商標的「台爾蒙」罐頭產品、日本喜笑顏開像彌勒佛的標貼「福神漬」醬菜擺在一塊兒，粗劣笨拙不說，而且還帶點土裡土氣，可是國際裁判品評結果，認為展出的果脯，除了漬蘊果香外，還飽含東方食品的高華風味，吃完之後齒頰留香，令人難忘。當時中國果脯立刻成為世界公認的一種珍貴食品，聚順和誤打誤撞，因此也得了大會頒給的金質優勝獎章，隆景和老掌櫃後悔也來不及了。從此中國果脯暢銷日本、東南亞一帶，直到現在，世界上還沒哪一個國家能製出像中國不加防腐劑而能久不霉變的果脯來。

據說歐洲有一個國家的食品公司，曾經派專人到中國來學習果脯漬製方法，但是一直沒有成功。是歐洲的溫濕度有問題，還是咱們敝帚自珍、秘不傳人，就不得而知了。

北平一般住戶，大都十分守舊，一到冬天家家都得生火禦寒，雖然是裝上煙筒、燒塊煤的爐子，既安全又乾淨，可是十有八九都寧可生煤球爐子也不肯裝洋爐子（**裝煙筒、燒塊煤的，北平叫它洋爐子**）。因此，如果時常吃點蜜餞，不但一冬煤氣可以舒散化解，同時也不覺得口乾舌燥了。

蜜餞又可稱為「蜜煎」，雖然是用糖汁醃製的果肉，卻是中國糖製食品藝術上的一大創造，另有訣竅，不是人人都會做的。蜜餞製品最主要的是山楂、溫朴兩種帶酸性的果子，此外就是海棠果、山裡紅了。北平賣水果的除了設攤營業外，稍具規模的叫「果局子」，所有蜜餞食品都是果局子出售。果局子長條案上，陳列著三尺左右白地青花的大海碗，上邊一半蓋著紅漆木蓋，一半蓋的是玻璃磚，殷紅柔謐，琥珀澄香，隨便裝上兩罐，走親戚看朋友帶兩罐蜜餞，老少歡迎，不豐不儉，固甚得體，留為自用也頗廉宜。

當年金融界大亨周作民、譚丹厓兩位，冬天請客，一定有蜜餞溫朴拌嫩白菜心下酒，脂染淺紅，冷豔清新，好看好吃兼而有之，後來連協和醫院幾位洋大夫也都學會，到飯館小酌時先點溫朴拌白菜絲喝酒，說是開胃去火，您說絕不絕。

「掛拉棗兒」這個名詞，筆者初時不懂它為什麼叫掛拉棗兒，後來定興縣鹿騰九（**清末大學士鹿傳霖哲嗣**）說：「拉棗兒是把烤乾的棗兒先剔去棗核兒，用粗麻線一個一個穿起來，每六十粒、八十粒，或一百粒穿成一掛。它跟醉棗兒都是河北省定興縣的特產，不過醉棗子離開酒後，不耐久貯，所以知道的人不太多。至於掛拉棗兒，多半是年終歲暮拿到平津去賣，掛拉棗兒要是烤得好，真是迸絲酥脆，茶酒均宜，行銷地廣其名乃張。」

北平是一到臘月，街上就有吆喝賣掛拉棗兒的了。北洋軍閥中的李秀山（純）是愛吃這種棗子成癖的，據他的公子說：「老太爺吃掛拉棗兒，不管多脆，也要烤熱，盛一碗冷甜酒釀來吃。」據說這樣吃法可以消痰化氣，究竟是否有效，此地沒有掛拉棗兒，也就不得而知了。不過當年在北平，到了冬天睡熱炕的老太太，總喜歡放幾枚掛拉棗兒在炕沿旁邊，說是碰上半夜咳嗽不停，嘴裡含個掛拉棗兒慢慢咀嚼，也就能把咳嗽壓下去了。

煮五香茶葉蛋秘訣

近年來五香茶葉蛋在市面上，可以算是大為流行，郊遊旅行，帶幾枚茶葉蛋，既耐饑又解餓。家裡煮點茶葉蛋放著，大人小孩下班放學回家，如果飯菜沒燒好，拿兩枚出來剝開就吃，而且冷熱均宜。

南北縱貫鐵路沿線，從高屏到北基，以暨市集風景特區，甚至行人地下道，都有賣五香茶葉蛋的小販。友人盧立群兄，一口氣能連吃十七枚五香茶葉蛋，因此朋友獻上封號，尊稱「五香茶葉蛋大王」，他茶葉蛋吃多了，對於品質優劣、滋味濃淡，就有了深入三昧的品評。據盧君說，賣五香茶葉蛋的，雖然磕頭碰腦到處都有，可是您要想吃色香味俱全的茶葉蛋，百不一遇，還不是隨時可以吃得到呢。

吃茶葉蛋以蘇浙皖三省跟贛鄂地區最為流行，到了年終歲暮以及獻歲發春，茶葉蛋就變成元寶啦。浙人吃茶葉蛋叫捧元寶，上海有些行業中也極為流行。記得當年在上海時，一過臘月二十三祭灶，您若是到澡堂子洗澡，他們對於熟主顧必定伺候格外周到，結果送上一份元寶茶來，所謂元寶茶，就是福橘一個，青果「鮮橄欖」兩枚。筆者旅滬一向是在卡德路卡德池洗澡的常客，到年尾一定要去卡德池洗澡，夥計們看顧客上門，自然奉上元寶茶。家母舅更是卡德池的老主顧，每去必叫附近一家小吃店的茶葉蛋、芝麻糊、雞批當下午茶，尤其時常叫茶葉蛋來吃。夥計們知道我們怕酸，不吃福橘，所以元寶茶改為茶葉蛋附帶兩枚鮮橄欖，因為江浙一般人家，新春到府拜年待客的元寶茶，就是茶葉蛋。

煮茶葉蛋雖然不算一回事，可是有幾點竅門要知道，否則煮出來的蛋，不入味就不好吃了。先把雞蛋殼洗乾淨後，用冷水煮開，改為小火煮五分鐘（**火太大蛋殼容易炸裂**），紅茶最好用花蓮鶴岡茶場產製的紅茶。因為茶葉蛋越煮蛋黃越鬆，蛋白越嫩，鶴岡紅茶色淺味淡，久煮色不變黑，味不變苦。筆者有位商界朋友，每月要在高雄臺北往返四五次，每次都坐莒光號火車，他平素只喝開水，車上供應的茶葉，他每次總拿一包紅茶帶回家去，集有成數就拿去煮茶葉蛋。由於茶葉擱久受潮，茶末又細，所以他家煮出來的茶葉蛋，色呈深褐，蛋白老而且韌，蛋黃乾而堅實，請大家吃，誰都搖頭。足證煮茶葉蛋，茶葉的品質是不可忽略的，碎茶葉末，喝完了的茶葉，用來煮茶葉蛋都會影響風味的。

雞蛋煮熟，先要逐一把蛋殼敲碎。敲蛋也需要點小手法，敲得太碎可能味道太鹹，敲得不均，冰紋凌亂太不美觀，敲得片大又不入味，要把蛋殼敲得疏密均勻，面面俱到，等茶葉蛋煮好，才會呈現「冰紋」，曲紋多姿，增加美感，進而促進食慾。

煮茶葉蛋有人放點八角增加香氣，尚無不可，但是絕對避免放花椒，因為一有麻辣，清淡的茶香就化為烏有啦。茶葉蛋本來是涼熱都能吃的，不過有人別出心裁，喜歡用骨頭煮高湯而不用白水，固然是可以增加一點鮮味，不過郊遊旅行拿在手上吃總覺得油膩膩的不受用，若是附近沒水淨手，那就更不對勁啦，如果在家庭裡吃那就無所謂了。

煮茶葉蛋還有一點要注意，就是滷水一定要漫過雞蛋，否則回鍋熱個一兩次，茶葉蛋變成了鐵面無私的包龍圖，不僅難看，而且蛋白也僵硬難嚼，不好吃也不容易消化啦。

捧元寶的日子一天比一天近了，煮茶葉蛋待客，是省時省事最經濟實惠的吃食，如果您打算煮一鍋好吃的茶葉蛋，注意以上幾點，我想您的茶葉蛋，一定會受客人歡迎的。

桂子飄香、栗子甜

最近有朋友從漢城公幹回來，知道筆者喜歡吃糖炒栗子，特地帶了一包糖炒栗子相贈。包裝用的紙張行匣雖然非常考究，可是栗子的大小就太欠整齊了，大的有鴿蛋大，小的跟緊皮紅棗相若，令人不敢相信它是栗子。炒的火候如何姑且不談，最是栗子內殼帶毛的軟皮，把手指甲都剝疼了，也很難全部剝得乾淨，吃起來實在費事，有點樂不敵苦的感覺。

也有朋友從日本帶了糖炒栗子來，炒得倒是挺透，外殼裡皮都不難剝落，可是顆粒太小，剝出來比蓮子差不許多，吃過日韓兩國糖炒栗子，令人不禁懷念起大陸的糖炒栗子來。

北平照一般吃食的習慣，都得按時當令，頗得孔老夫子所謂不時不食的真諦。不是三月初三，您買不著太陽糕；不到重九，想吃花糕也不太容易；抗戰前不交立秋，您想吃烤肉也沒有賣的；至於糖炒栗子，不過白露，也沒有哪一家敢提早應市！

栗子在北平附近京東京西各縣都有出產，不過良鄉涿縣一帶所產的栗子顆粒均勻，圓而不扁，易炒而且受看，所以糖炒栗子，大都喜歡用良鄉涿縣出產的栗子來炒。大家雖然用的都是良鄉栗子，可是走遍了北平六九城，沒有哪一家用良鄉栗子來宣傳號召的。到了上海可就大大的不同了，愛多亞路的鄭福齋雖然夏天以賣酸梅湯馳名，一到金風薦爽，初透嫩涼，他家首先貼出「良鄉栗子」紅紙招貼來號召顧客，流風所及南京漢口等地，凡是賣糖炒栗子的，都在門口貼上「良鄉栗子」大紅招貼以廣招徠。北平人做買賣，各有各業，互不侵犯，糖炒栗子是乾果子鋪獨家買賣，也沒有哪一家敢搶行胡來的。

乾果子鋪每年要到了白露，才把大炒鍋支在門口裝上煙筒開炒。其實他們之所以過了白露後才炒栗子，其中也有個道理存在，炒栗子的燃料既不用劈柴木炭，也不用煤渣煤球，而是用破蘆席，撕成一塊一塊的往爐口裡填作燃料的。北平住戶稍微富裕的人家，講究天棚、魚缸、石榴樹，一到夏天，正院兒的天井就搭上新蘆席的涼棚了，可是一遇處暑，承搭天棚的鋪子，就會跟您商定哪一天拆棚。搭天棚用的蘆葦席，經過一個漫長夏季的日晒雨淋，也都疏鬆朽脆不能再用，他們拆完涼棚，順手就用排子車拉到乾果子鋪，充作糖炒栗子生火的燃料啦。

杭州賣的糖炒栗子，時期比北平可提前了。他們講究桂子飄香、丹桂盛開時期採收的栗子，叫桂花栗子，拿來炒糖炒栗子帶有桂花味，啜氣騰香，當然特別好吃。北平賣糖炒栗子所用的鍋鏟都是特製的，所以特別巨大。北洋時期張宗昌的直魯軍跟馮玉祥的西北軍大戰於喜峰口，結果直魯聯軍獲勝。長腿將軍一發膘勁，要在南口戰場犒賞三軍，開筵慶功，這一千五百桌的大買賣，北平各大飯莊家家乾瞪眼，誰也知道買賣是宗好買賣，就是燙手，誰也不敢接下來。當時西長安街忠信堂飯莊大管事崔六，居然一口承應，結果到南口炒菜的大鍋，就是跟乾果子鋪情商借用的，全北平的大平鏟大鐵鍋一共是八十六套，一古腦兒全讓他借去了，所以北平城裡城外，只有八十來家自炒自賣糖炒栗子的。

炒栗子所用的石礫鋆砂都是齋堂（**北平京西出產砂鍋的地方**）特產，不吸收糖分，糖蜜久漬不黏，炒栗子澆上多少蜜糖，這種砂子絕不沾潤，今年用完，用清水洗乾淨，收藏起來，明年再用。栗子炒好，用網眼籮筐過篩，篩好新出鍋的熱栗子，就放在簸籮裡用小棉被蓋好保溫，有顧客臨門，再按兩論斤用粗草紙包好出售。

北平報人吳宗祜（**筆名綠葉**）跟劇評人景孤血，都酷嗜糖炒栗子，各有一口氣吃兩斤糖炒栗子的紀錄。平素他們都頗為自豪，有一次碰見富連成剛出科的小丑詹世輔，詹說只要有人請客，他吃兩斤以上糖炒栗子是不成問題的。吳、景兩人不信，結果三個人就在前門大街通三益乾果鋪的櫃臺旁邊比賽起來。他們把剛出鍋的熱栗子，四兩一堆，各吃各份，吃完再續，吳、景兩人各吃八堆，詹世輔居然吃了十一堆。富連成一年到頭都在肉市廣和樓爨演，通三益在前門大街，彼此相去咫尺，通三益從老掌櫃到小學徒，沒有不認識詹世輔的，所以他的那一堆足足五兩有餘，若按實際份量算，恐怕三斤都出頭了，吳綠葉在報上給他在梨園花絮欄再一渲染，「栗子大王」之名，就不脛而走啦。

北平的西餐廳，一份全餐最後的一道甜點，以廊房頭條的「擷英」最為考究，最早以車厘凍、楊桃凍馳名，車厘就是罐頭櫻桃，不算稀奇，可是楊桃，在臺灣吃不算一回事，可是當年在北平能吃到鮮楊桃榨汁做楊桃凍，那就太不簡單了。後來廚房裡不知哪一位西點師傅發明了奶油栗子麵兒，把炒熟的糖炒栗子研成細麵，加上新鮮奶油，奶油上面嵌上一顆罐頭鮮櫻桃，吃到嘴裡甜沁柔香，毫不膩人，做法看起來十分簡單，可是別家做的就是沒有擷英的滑潤適口。後來這位廚師轉到東安市場的小食堂工作，喜歡吃奶油栗子麵的顧客，也隨著不吃擷英而奔向小食堂啦。

山東的肉火燒

當年在膠東一帶工作，發現有三樣風土味最重的吃食，是湯肥肉嫩的朝天鍋，味醇質爛的驢肉捲餅，還有外酥裡潤的肉火燒。來到臺灣只要跟即墨、濰縣一帶的山東朋友談起來，沒有一位不是饞涎欲滴的。

朝天鍋也許構造別有竅門，此地手藝人沒法仿造，西門有賣的，也不對勁。小毛驢在大陸北方是代步載貨最普通的交通工具，可是在臺灣小毛驢物稀為貴，在動物園已成為上賓，要想烹而食之，豈不是戛戛乎其難。只有油酥肉火燒，餡是蔥肉，麵是起酥就成了。可是旅居臺北若干年，大陸的零食小吃，陸續都在街頭出現，只有山東油酥肉火燒，始終沒看見有人做來賣的。

前些年去花蓮公幹，在明義街大水溝有個河上建築的小木屋，清晨賣早點，中午賣炒麵飯，他家居然有肉火燒、粳米粥賣，火燒的麵雖然不太酥，可是粳米粥是用馬糞做燃料熬的，一進屋就有北方粥鋪的味道。可惜旅次匆匆，再履斯土，當地已經成了一片河上公園，想再吃一次粳米粥、肉火燒，只有徒殷結想而已。

又過了兩年，到虎尾糖廠探視舍親周星北兄宿疾，晨間在街頭散步，又看見一家鋪子賣肉火燒，嘗試之下，跟在花蓮所吃的火燒味道、形狀完全一樣。細問之下，敢情是有一次花蓮大火，木屋悉成灰燼，那家賣肉火燒的投親來到虎尾，又重操舊業，異地重逢，也算筆者還有這份口福。後來在中南部定居多年，始終沒有吃過真正山東味兒的肉火燒。

去年移家臺北，年底在民生社區早上散步，忽然發現一家賣早點的鋪子，門口簸籮裡放著幾個槓子頭牛角尖，屋子裡賣的熱氣騰騰的豆腐漿，一望而知是山東老鄉的買賣。老闆、夥計是老夫婦二人包辦，敢情屋裡還有一架電動大烤箱，燒餅出爐，有長條的椒鹽燒餅、橘餅、豆沙的甜酥餅，還有就是多時沒吃的肉火燒。

記得當年在山東吃肉火燒，餡子有兩種，一種是大蔥肉火燒，一種白菜肉火燒。山東章邱大蔥可算山東一寶，也是舉國聞名的，蔥白一尺多長，粗如兒臂，上街趕集，在大車邊沿順上兩棵又肥又嫩的大蔥，想吃的時候，剝去蔥皮來吃，入口新香，如啜甘露，既能解渴又能搪饑，拿來做火燒餡兒，還能不好吃嗎？不過章邱大蔥是有季節性的，沒有大蔥的時候，就改用白菜豬肉做餡兒了，菜要切得細，肉要剁得爛，玉糜金漿同樣好吃。

在臺灣當然沒有章邱大蔥了。這家小鋪的火燒，就是白菜豬肉餡的。老夫婦都是道地山東人，耿直性格，打燒餅悉尊古法，一絲不苟，因為酥起得足，就是擱涼了再吃，仍舊入口酥融，絕不黏牙礙齒，不但住在附近一帶的山東老鄉，每天清早都去光顧，嘗嘗家鄉味，就是本省同胞到小鋪來吃早點的也日漸增多，可見口之於味，大家有同嗜焉是不假的。天天吃膩了燒餅油條、糯米粢飯的早點，來兩隻肉火燒換換口味也真不錯！

雞包翅雅號「千里嬋娟」

《你我他週刊》第五十六期，對於吃的藝術，有一欄「怎樣做出一道好菜」彩色專輯，林林總總把臺北飯店酒樓名廚介紹了好幾位，名菜介紹若干道出來，可以說有美皆備，無味不珍，在下素有饞人之稱，這一來把我的饞蟲又勾上來了。

當三十五年春間，筆者隨侍先母舅張柳丞公來臺。那時節除了太平町延平北路有穿廊圓拱、瓊室丹房的蓬萊閣、新中華、小春園等幾家大酒家之外，想找個像樣的地方而又沒有酒女侑酒的真正飯館，可以說鳳毛麟角幾乎沒有。記得那年中秋節，筆者就追陪先母舅杖履到新中華，登臨頂樓，傑閣高聳、重簷四垂，一面吃炒響螺片、剝紅蟳、喝四半酒來賞月，直到碧空澄霽，大月西沉，繁星在天，才興盡賦歸。覺得常此食無定所，殊非長久之局，幸好當時大陸尚未全部沉淪，於是把當年泰縣的廚師劉文彬接來臺灣。劉是早年江蘇泰縣謙益永鹽棧經理潘錫五所賞識的一名庖人，記得有一年江蘇省長韓紫石先生從江滬到泰縣來避暑，潘、韓是多年老友，請紫老吃飯時，並約畫家凌文淵陪客，筆者也忝陪末座，席面上就有劉廚一道拿手菜「雞包翅」。碰巧十二月二十八日台視公司「家庭食譜」傅培梅女士也示範這道菜，不過傅女士把這道菜改名「翅包雞」，而且勾芡，其他烹調步驟大致是相同的。

劉廚這道菜，是選用「九斤黃」老母雞來拆骨，雞皮比現在肉雞的皮柔韌厚實得多，所以拆離骨時能把雞翼雞腿也完整無缺地褪下來，魚翅是用小荷包翅，排翅太長不容易處理。魚翅先用鮑魚火腿干貝煨爛後，再塞入雞肚子裡，用細海帶絲當線，將缺口處逐一縫合，以免漏湯減味。另加上去過油的雞湯文火清蒸，約一小時上桌。一輪大月，潤氣蒸香，包蘊精博，清醇味正，入口腴不膩人。韓紫老認為既好吃又好看，如果仍然叫它雞包翅，未免愧對佳肴，因為此菜登盤薦餐，圓潤瑩潔，恍如甌捧素魄，於是合席同意，賜以「千里嬋娟」四個字。這道菜經韓紫老品評賜名之後，在抗戰之前，著實出個幾年鋒頭呢！

劉廚來臺之後，舍間款客他曾經獻過一次身手，可是火腿鮑貝都不能像在大陸時候任便挑精選瘦，所以跟在大陸時做的相去甚遠。又過了幾年，韓國官員金信，在韓國駐華大使館宴客，特請劉文彬主廚，頭菜用的就是「千里嬋娟」，此時海味來源已充足，選料既精，雞湯裡再加上韓國參鬚煨燉，玄黃玉露、味純湯清，頗為座客激賞。

銀翼餐廳在火車站前，由劉大鬍子主持的時期，二劉同宗同行，誰有好材料時常互相串換。有一次大鬍子應了兩桌，賓主都是美食專家，席上的一隻「千里嬋娟」，就是特煩劉文彬一展調羹妙手的傑作。現在劉廚年逾八旬，已經不能親任割烹，傅女士的「翅包雞」跟劉府的「千里嬋娟」確有虎賁中郎之似，推潭僕遠，自亦屬於珍食上味，容當試製一次，以飽饞吻。

宰年豬

中國雖然地大物博，可是從南到北無論哪一省市鄉鎮，除了回教徒之外，過年的肴饌，普通都是以豬肉為主。所以一進臘月門，一直到除夕，每天宰豬的數字，一天比一天多，在鄉間的一些小村鎮，平素很少大塊吃肉的，可是到了年根底下，宰上十頭八頭肥豬過年，卻是常有的事。

山東靠近威海衛的榮城，因為濱海，魚產豐富，在山東省來說，算是比較富庶的縣分。當年北洋軍閥張宗昌手下大將畢庶澄，就是山東榮城人。畢被任命青島商埠督辦、渤海艦隊總司令，正當他炙手可熱、煊赫一時的時候，他在農曆除夕還鄉祭祖，於畢氏宗祠大開筵席，款待宗族父老，醉飽之餘，每人還帶一塊祭肉回家過年。這一次盛舉，據說就宰了百八十頭大肥豬，算是歷來榮成宰年豬的最高紀錄。

談到中國豬肉的肥嫩鮮腴，以省分來說，江蘇、浙江兩省的豬肉都算是最好的，浙江的金華盤安，醃製火腿馳名中外，若要火腿好吃，自然得先從豬身上做起。紹興、蘭溪都是出產佳釀的地方，釀酒的糟粕拿來餵豬，當然是最有營養的飼料了。江蘇的蘇州、無錫、常州、崑山一帶，都是江南精華所在，魚米之鄉，稻米充盈，民間富饒，蘇州的醬汁肉、無錫的肉骨頭，味壓江南，跟豬肉的肥嫩是有著莫大關係的。

蘇常一帶，如果交冬較早，一到臘月就有人家開始宰年豬了。所謂「年豬」，平素特別飼養加食添料，除了供年饌之需外，如果有多餘的就拿到市上銷售。年豬因為養得肥壯，膘足肉厚，當地人管它叫「冷肉」，雖然售價比一般肉攤賣的豬肉價錢高一點，可是一般家庭主婦還是爭先搶購。第一是因為秤足肉好，第二是因為冷肉多半是祭過神祇後才出售的，買了這種福胙回家供饌，可以上邀天澤，多花幾文也是值得的。可是自從有了屠宰稅後，是凡豬隻都要送到屠宰場集體宰殺，還要加蓋水印，以防偷漏後，想買福胙，也就不可能了。

浙東象山一帶，講究左右鄰舍養豬隻，到了年底殺了大家分肉，把豬肉分成若干份後編上號碼，大家抽籤對號，凡是抽到豬頭的，說是來年必定喜慶大來，財源茂盛。當年上海阜豐麵粉廠廚房有一位老師傅，大家都叫他「一根草」，是象山人，據說他能用一根稻草，一根接一根的把一隻豬頭燒得味醇質爛，入口即融。筆者平素對於整隻豬頭肉，總覺得登盤薦餐，不太文雅，所以每逢酒筵上遇有這道菜，總是起而避席。

有一年北平名武生吳彥衡隨荀慧生到上海演戲，上海三星票房有兩三位學武生的，聽說吳彥衡的《挑滑車》「高寵在挑車」一場，有幾個身段特別俐落，要請吳老闆給說說。戲院裡有位後臺管事，說吳彥衡喜歡吃燒得稀爛的豬頭肉，這一下外號「一根草」的那位老師傅可派上用場啦，一桌酒席雖然是珍饈羅列，可就是這道豬頭肉最受歡迎，紅肌多脂，肉嫩味厚，因為燉得糜爛，已不具豬頭形狀，所以不忌濃肥的客人，無不飽啖一番、人人稱快。這位老師傅說，微火燜豬頭只要調味料用得得當，火力平均，慢工細火自然燉出來好吃，尤其是年豬燒出來更是肉頭鬆軟、肥而不膩。請吳老闆的頭一天，福星麵粉廠的崑山農場恰巧送來一隻特號年豬，所以吳老闆快嘗所嗜，而同席各位也都舉箸怡然。歲次己未，一元肇始，祝各位讀者今年諸事遂心，千祥百益，筆者在此拜年了。

北平吃餃子幾樣年菜

北平人在平素過日子，無論是大富之家，或是升斗小民都非常刻苦儉樸，就是中產之家，飯桌上也很少整天大魚大肉羅列滿前的。可是終歲辛勤到了過年，大家少不得要做幾樣可口的菜，來犒勞犒勞自己了。

北平的習俗，正月初一到初五這五天裡頭不下生（就是不蒸飯，煮餃子除外），十之八九家家都吃餃子，就用不著忙於做菜了，只要做幾樣能涼吃能回鍋下酒的小菜就夠啦。

炒鹹什　家家必備的一樣酒飯兩宜的素菜叫「炒鹹什」，又叫「十香菜」，既名十香，當然要有乾鮮不同十種蔬菜了。其實有的人炒十香菜，還不止十樣呢！先把紅蘿蔔切絲單獨先炒，再炒黃豆芽，然後把豆腐乾、千張、金針、木耳、冬筍、冬菇、醬薑，醃芥菜去葉留梗，一律切細絲下鍋炒熟，放入紅蘿蔔絲，黃豆芽加醬油、鹽、糖等調味料同炒起鍋，南方炒法也有另加榨菜、芹菜的，那就十二種了。炒十香菜的訣竅：各種乾鮮蔬菜切絲要細，長短力求一致，醬油要用淺色的，油量要看東西多寡而定，用得適當不油不澀，如嫌水分不足，可以把泡冬菇湯酌量加入，既可柔潤，又能提鮮。

酥魚　「酥魚」是一樣喝酒吃餃子兩者咸宜的菜。活鯽魚不要太大的，以一斤可買四五條為度，過大的魚骨頭就不容易酥爛了。把鯽魚剖肚挖除內臟洗乾淨後，放大海碗裡用酒（最好是黃酒）、醬油、米醋（切忌用化學白醋）、白糖拌和浸泡四十分鐘。作料以蓋過魚身為度，可免頻繁的上下翻動，將魚體破壞，有損美觀。等油燒滾將魚放下煎透，將魚起鍋，鋪在另一鍋裡，一層大蔥，一層鯽魚，蔥不厭多，每層再酌放薑絲去腥，然後把泡魚的混合調味料全部倒入鯽魚鍋裡，以能蓋過全部魚身為度。蓋上鍋蓋，放在文火上煨燜一小時半，淋下香油起鍋上桌，此時蔥溶魚爛刺酥，儘管放心大嚼，不必擔心魚刺卡喉。酥魚涼吃更好，做好放在冰箱留以待客，可免主婦臨時治饌的若干麻煩。

燒素雞　「燒素雞」也是個連天吃大魚大肉之後，一道清爽適口的好菜。材料以豆腐皮做的素雞跟腐竹為主，配料以冬菇、冬筍、白果為輔。因為過年，加一點頭髮菜跟幾顆紅棗，加調味料同燒，既討口彩，又配菜色，是新春最受歡迎的素菜。舍間每年春節，一過破五，燒素雞總要補充再燒一次呢！

蝦米醬　「蝦米醬」雖然是一道很普通的菜，但是滋味如何，那就要看大師傅的手藝了。有些人喜歡過年做「虎皮凍」，把豬肉皮煮爛切丁，跟紅蘿蔔丁、毛豆或豌豆加調味勾芡凍後切塊來下酒。手藝高的，固然晶瑩凝玉，清湛宜人，不過毛要鑷得淨，口味不能太鹹，所以最好改為炒蝦米醬比較適宜。炒蝦米醬的蝦乾，一定要用泛黃而不發紅、蝦皮褪得乾乾淨淨的蝦米才好。把蝦乾、瘦肉、冬筍切丁，瘦肉丁先用薑蔥爆香，再用上等黃醬同炒。這個菜第一忌用豆腐乾、花生米，最好不用甜麵醬，如果再加辣椒，那就近乎上海人的八寶辣醬，不是所謂蝦米醬了。

雉雞炒醬瓜絲　北平西郊有個地方叫八寶山，是雉雞、竹雞入冬以後的集散地。山上有一種野生萬春藤，藤實當地人叫它草果，是雉雞、竹雞暖冬恩物。冬天喜歡吃點野味的人，帶著獵槍到八寶山跑一趟，準能飽載而歸，拿兩隻雉雞送給親友當年禮，一方面是花錢買不到的稀罕物兒，另一方面也顯派顯派自己的槍法有準。所以在年根底下，北平老住戶也有親朋好友送點野味來給您添年菜。雉雞拔毛開膛洗淨後切絲，先用調味料薑酒鹽蔥泡一下，然後用醬瓜切絲合炒，或是用雪裡紅炒也好，野意盎然，獻歲發春，換換口味，倒也不錯。拳匪之亂，兩宮蒙塵，鑾駕西幸，兩宮在潼關進膳，岑春煊進呈雉雞炒醬瓜絲，獨膺懋賞，這道菜後來列入御膳房的膳單，自然更是身價百倍了。

老北平，在正月初八順星之前，如果留親朋在家便飯，多半是煮餃子待客，所預備的酒菜，大概最普通的就是以上所寫的三葷兩素也盡夠了，吃餃子原湯化原食，例不另外備湯的。

獻歲幾樣吉祥菜

中國南方的習俗，每逢舊曆年尾，凡是至親好友，總要請到家裡吃一餐自家燒的小菜年夜飯，叫做「團年」。獻歲發春，一過正月初五財神日（南方正月初五接財神，北方正月初二接財神，這是南北習俗不同的地方），又開始請春卮了。有一次筆者在上海過農曆新年，因為隻身在外的關係，一進臘月門就有相熟的友好，開始請吃年夜飯了。吃年夜飯有個不成文的規矩，無論你多忙，都不能點到為止、淺嘗告辭，非要吃得杯盤狼藉、不醉無歸才夠意思，否則主人家認為你客氣虛假而傷了交情。筆者食量本差，對於吃年夜飯簡直視為畏途，倒是吃春酒輕鬆自如，那就舒服多啦。

世交董聲甫、仲鼎昆季，出身百粵世家，同精飲饌，公餘之暇，因為研求割烹之道，娛人娛己，於是在虹口通衢開了一家秀色大酒樓，地布猩毯，扉飾金煌，堂皇典麗，在當時廣東酒家中可算首屈一指了。

他們知道先母舅跟筆者都是味兼南北好啖有名的，所以請我們吃春酒僅約丁氏叔侄，賓主一共六人。肴僅五簋，細點兩品，都是秀色頭廚清淡味永、文靜不火的精心之作。

董氏昆仲說：「今日嘉賓都是品味方家，如果用些肥濃的鮑翅，未免失之於俗，幾味粗蔬，是庖人認為尚堪一試的菜，請賜教品嘗，幸恕簡慢。」

桌上豎立一方銀框鏤花的菜牌，夾著一張朱絲格子的硬卡紙，用楷書寫著這一席小酌的菜單：（一）玉葵寶扇、（二）喜占鰲頭、（三）龍翔鳳舞、（四）榴房瑞綵、（五）馬上春風，另外一行細點雙品。廣東酒家一向在菜式名稱上弄玄虛，有些菜名譎詭橫出，令人無法猜測，可是細心琢磨，還能猜中八九，可是這五道菜吉語連篇，菜色是用什麼材料，一無蛛絲馬跡可尋。同席丁氏總綰兩淮榷運有年，對於粵菜別名，所知尤多，也是搖頭不解。幸虧上一道菜董氏兄弟就解說一番，邊吃邊聽，除了大快朵頤之外，並且聽了若干故事，好多烹調技巧，多識多聞，自然在席面上增加了不少情趣。

第一道菜「玉葵寶扇」上桌，董大先生首先開腔講了一個故事。他說：相傳古代嶺南世家，有一位訂婚未娶的羅公子，有傳家寶扇一柄，一面珠綴葵花，另面雕鏤梵文符咒，翡翠圍框，閃爍奪目。據說凡是自縊或是溺斃的少年男女，只要人死不久，用寶扇不停地搧，就能把死人搧活過來。有一天羅公子的未婚妻在溪畔浣衣，不慎失足落水，打撈起來，氣息全無。羅公子情急之下，親持寶扇在屍體旁邊不停的搧風，搧了一天一夜，居然把死人搧活。廣東一般家庭都喜歡用清蒸魚類下飯，如果用新鮮土鯪魚跟上品曹白魚同蒸，一鮮一鹹香味交融，就如同故事裡羅公子救活未婚妻，一生一死終諧花燭一樣，所以就叫這道菜「玉葵寶扇」，佐酒健飯兩俱相宜。魚要選得精，肉要蒸得透，紅肌白理，令人口味大開。

第二味是「喜占鰲頭」。廣東是講究吃魚翅，也是最擅長做魚翅的省分，比較論場面的筵席，頭菜總要用魚翅才有光彩。可是上品魚翅，貨高價昂，所以知好小酌，率多改用魚肚，一則表示自己人不見外，二則袁子才在《隨園食譜》裡常說雞鴨魚蝦實用之材，鮑參肚翅虛名之士，肚翅同仗濃汁腴煨燉，如果出自烹調高手，同樣澄清百品，列為珍味。不過有些人只知魚肚好吃，可是它是魚的哪個部位還不甚了了。其實說穿了，魚肚就是魚鰾。魚的種類多，魚肚的品質自然龐雜，其中以鰲魚的魚肚品質最高；而潮汕海豐一帶的產品更稱上選。聽精於醫道的前輩們說，魚肚功能益氣補中，早年廣東富貴人生產坐蓐，講究送燕窩、銀耳、魚肚、大烏給產婦進補。鰵魚又別稱鰵魚，送人滿月禮用鰵魚肚，又含有貴子連生、鰵頭獨占意思在內，這種善頌善禱的意味，您瞧有多麼深遠。魚肚當然是先用上湯餵足，然後蒜頭瑤柱燜妥，厚而不膩，質爛味醇，這是一道火候菜，在名家調教之下，當然異常出色。這道菜雖然不是翅鮑，但是價錢恐怕比翅鮑尤有過之，也是我所吃魚肚中最好的一次了。

第三道菜是「龍翔鳳舞」。在臺灣吃石斑魚不算稀奇，要在廣九港澳，石斑可就名貴啦，尤其是老鼠斑。筆者前年在香港，老鼠斑一兩要賣二十多塊錢港紙，折合臺幣一兩要兩百多元，真乃駭人聽聞了。「龍翔鳳舞」敢情就是肥嫩乳鴿燉石斑魚，據董二先生解說：凡是三十斤以上的巨型石斑，是可遇不可求的。廣州對這種大石斑，稱之為「龍躉」，體型愈大，肉愈細潤，我們今天所用龍躉，是有位船行大亨在「秀色」宴客，自帶龍躉交廚房調製，我們是分潤分享的。我們分潤的這塊龍躉，有八寸見方，博碩肥腯，六隻酥融欲化的乳鴿，鋪在魚肚膛上，魚肉腴潤蒸香，脂滑肉細，絲毫不帶魚腥，若不是主人先行介紹，我還當是什麼珍奇異味，斷然想不到是石斑魚呢！

第四個菜是「榴房瑞綵」。廣東庖人都擅長烹調海狗魚，海狗魚又叫娃娃魚，用甘肅特產大粒枸杞子來煨娃娃魚，枸杞殷紅增麗，豔比榴實，用「榴房瑞綵」來做菜名，具見妙思巧想，至於魚的脂潤膘足，微得甘香，更不在話下了。

第五個叫「馬上春風」。獻歲發春，粵省春卮宴客，壓桌菜為了討口彩，所謂「馬上春風」，就是生炒馬鞍鱔。據說這是順德名菜，用大條黃鱔（廣東叫鱔王）去骨切片，用冬菇、冬筍猛火爆炒，要把鱔片切成馬鞍形，所以叫馬鞍鱔。這是一道吃火工的菜，要炒得鬆脆腴嫩而爽不見油，那就要看掌勺的手藝了。秀色那位女易牙，是從廣州所謂四大酒家之一「謨觴」重金禮聘而來。她在秀色只承應三菜兩點，三菜除了我們吃的生炒馬鞍鱔外，另外兩個菜是灼響螺片、觀音齋，觀音齋是廣州永勝庵的拿手菜。廣州各大酒家，哪家也做不出這樣清淳郁浥的素菜來，不知道這位女易牙用了多少心機，才輾轉把燒觀音齋的訣竅學到手的，可惜當天菜已夠吃，沒能一嘗珍味。

兩道點心是「粉果」、「雞粥」兩樣，我們當天在飲啜之餘，都一一嘗試。早年北平東亞樓曾經趁大梁陳三姑到北平探親之便，情商陳三姑在東亞樓示範，做了一個短時期的粉果，不談味道如何，僅僅蒸粉果的澄粉，就與眾不同。澄粉柔潤晶瑩，浥浥透明，能把果餡鵝黃襯紫，泛映無遺，尤其果皮不乾不裂，不像時下酒樓做的粉果，絕無黏底露餡的毛病。女易牙做的粉果，跟陳三姑的粉果，可以說不分軒輊，她用耐火玻璃盤上桌，琉璃映雪，美食需要美器，那比東亞樓的鉛鐵盤就顯得古雅高華多了。後來香港陸羽居的粉果馳名港九，聽說就是這位女易牙的傑作呢！

酒足菜飽之後，每人一盂金銀雞粥，這種粥是先把整隻肥嫩油雞開膛洗淨之後，投入剛開鍋的粥裡大滾大煮，煮到兩小時，雞已糜爛，撈出褪骨連皮帶肉撕成細絲（忌用刀切），另準蒲燒雞半隻，也去骨拆絲，再一齊放入粥鍋再煮，加入醬仔薑、老油條、脆蝦片、芫荽、生柚少許，攪動一下，立刻起鍋，清醇味永，分外好吃。

主人說：菜僅五肴，全部取之魚身，這叫做「吉慶有餘、年年有餘」的口彩，用粥品而不用湯水，也是有講究的，說是啜粥而不飲湯，一年之內旅人遨遊，總是雨暘以時，不會碰上雨雪載途的。這一餐春卮雖非珍奇饈饌，可是材料難求，而且各異其味。筆者曾錄入《津津小記》，所以雖然事隔多年，記憶猶新。今當歲首，特地把這幾樣吉祥菜寫出來，但願國運日升月恆，經濟方面年年有餘，則舉國上下都能蒙庥受惠了。

啤酒嚌啜譚

什麼酒類都是越陳越香，只有啤酒和日本清酒例外，越新鮮越適口。啤酒是什麼時代，由哪位仁兄發明的，遍查各國酒史，都是其說各異，莫衷一是。依據酒徒們考證，遠在耶穌降生四千多年以前就有啤酒了。古代巴比倫的勇士，條頓族戰將，在古詩歌裡，描寫他們赤幘銅冠、金鉞玉斧，還忘不了把著滿觥啤酒，鯨吸牛飲的狂態。埃及女王用新鮮啤酒來淨面化妝，都是後世所豔稱事蹟。

近一世紀來，啤酒在歐美已經是日常生活中最普遍的飲品，事實上叫它酒，還不如叫它飲料來得恰當。去年美國有一本雜誌發表過，統計世界各國飲啤酒的國家，德國人得了冠軍，比利時亞軍，美國和日本一向都自命是啤酒消費量最多的國家，結果第三名卻讓捷克人給搶去了，前三名美、日兩國誰都沒有挨上邊。至於法、義兩國雖然都是以豪飲善釀馳名國際，但因為他們所嗜的，是屬於紅白葡萄酒類，所以在啤酒競賽裡，就都落後榜上無名了。

釀造啤酒主要的原料是大麥，經過選麥、浸麥、發芽、烘乾各種過程，製出麥芽，其中含有多種酵素，可以把麥芽和米裡所含澱粉化成了醣，分解了蛋白質作用，才能成為色香味俱全的上等啤酒。

啤酒所用原料大麥，以歐洲、澳洲為佳，美洲、亞洲所產大麥拿來釀造啤酒，拿風味來說就稍遜一籌了，所以臺灣釀造啤酒的原料大麥，都是從澳洲進口的。啤酒另一種主要原料是大米，在臺灣用蓬萊米，當年北平雙合盛「五星啤酒」所用大米是京西特產玉田稻，據雙合盛主持人鄒寅生說：「『五星啤酒』，當年在華北不但把日本『太陽啤酒』打垮，就是『青島啤酒』、『上海啤酒』也不敢跟『五星啤酒』抗衡，其中玉泉山的水跟玉田稻，都是提高『五星啤酒』色香味的因素。」足證大米的品質對於釀造啤酒的風味是有著相當關聯的。我們喝慣了臺灣啤酒，有時喝一罐美國啤酒，總覺得不太對勁，這跟啤酒所用的米質、比例都有很微妙的關係呢！

釀造啤酒更少不了的是啤酒花，它是一種多年生的植物，在歐洲、美國僅有極少數寒冷地帶，還得是向陽山區才有上等啤酒花生產。所以釀製啤酒最貴的原料就是啤酒花，以時值論，每公斤約在五百至六百美元之間。當年東北的錦州、山西的五台、河南的許昌，都曾用種種方法培育試種，可惜全都沒能成功。有一年北平雙合盛啤酒廠因為海運發生故障，啤酒花接濟不上，幸虧北平有的是洋槐，公然拿啤酒花、槐花三七摻用，雖然後味苦中微澀，居然也能抵擋一陣，救了大急。本省前些年曾在中部地區計畫栽培，試種多次，大概土壤、氣溫、濕度均不適宜，雖然也能開花，可是淡而無味，缺少應有的香味，只得放棄試種，所以本省現在釀造啤酒所用的啤酒花，仍然非使用舶來品不可。

啤酒既然從酒類推廣為社會大眾的普及飲料，因此世界各國都紛紛製造生熟啤酒，據說僅僅歐洲地區就有一百六十五種廠牌的啤酒在各地行銷。筆者當年在大陸除了國產的五星、青島、上海等牌啤酒外，其他國家如丹麥、德國、荷蘭、芬蘭、法國、英國、美國、泰國、新加坡、日本的都曾品嘗過，還有就是現在日常喝的臺灣啤酒。

啤酒的口味，以我個人味覺來說，歐洲的啤酒以丹麥、德國最好，尤其是他們的黑啤酒，芳蕤馥郁，沫擁柔香，味嗅俱暢，非有高段飲者不能體會出個中意境呢！

抗戰之前，上海靜安寺路靠近猶太富商哈同的愛儷園附近，有兩家德國人開的酒館，一家「來喜」，一家「大來」。一開始他們兩家專門賣德國進口的啤酒，因為酒客日多，又添上丹麥的黑啤酒兼賣冷餐。筆者當時住在靜安寺路的滄州飯店，有客來訪，總是約在來喜或是大來，喝點啤酒聊聊天。這兩家老闆都是禿頂矮胖子，在德國各有一家啤酒廠，他們的啤酒是用木質啤酒桶裝運來的。筆者因常去的關係，彼此又都是雪茄同好，而品評雪茄的程度也不相上下，漸漸成了煙侶又兼酒友，所以他們就把怎樣鑑定啤酒優劣，怎樣喝法才能領略啤酒的個中真味告訴了在下。

啤酒的優劣，大致來說，以略苦爽口方臻上品，入口味濃厚澀就難膺上選了。有一種極簡便檢驗啤酒的方法，拿一杯將倒滿的啤酒，把一根火柴棍插在泡沫當中，火柴棍能在泡沫裡挺立不倒，就是上等啤酒，豎的時間越長品質越高。不過這個方法只可行之於酒館飯店，如果您是到啤酒釀造廠品嘗處方新產品，這樣做是很不禮貌的行為，千萬記住。

喝啤酒講究甚多，沒有開瓶開罐的啤酒或桶裝生啤酒，最好存放在黑暗通風，而且不受日光照射的場所。無論容器用瓶、罐、桶，開口一定向上，若倒放橫放，儘管酒不外溢，將來酒的香味差不說，而且色澤也欠晶瑩。

喝啤酒無論冬夏，都應當冷凍過，如果胃寒怕冷，那乾脆喝別種酒類，喝溫吞水似的啤酒，酒香全無，豈不是糟蹋糧食嗎？喝啤酒的適當溫度，有人認為夏天攝氏六至八度，冬天十至十五度為適當。以筆者個人愛好來說，在東南亞國家如泰國的曼谷、菲律賓的馬尼拉，盛暑時期啤酒要冰到二至四度之間，冷香盈頰，沁人心脾，才能品出個中真滋味，最為合適。這是見仁見智與個人愛好，不能勉強的。

喝桶裝生啤酒要請酒廠技術人員操作，當然他們有一套固定程序手法，我們姑且不談。至於罐裝、瓶裝生啤酒，開罐、開瓶也是各有各的小手法，不然啤酒泡沫噴射四溢，酒量、酒質同蒙損失，那就太可惜了。罐裝啤酒開罐之前，應當先用手帕蓋在罐上，然後再把罐環拉開，否則酒一噴射，泡沫時常濺得滿臉，非常尷尬。有人開瓶裝啤酒，喜歡先用開罐器在瓶蓋上敲打兩下，說放放氣泡可以減小激射力量，殊不知二氧化碳一旦外逸，啤酒芳香也隨之散失。其實防止啤酒噴射，只要在開瓶之前，先把酒瓶略微傾斜一點，就不致有大量泡沫噴溢了。所以主人開瓶敬酒，別的酒類都可以用杯子來接，只有啤酒，應當把啤酒杯遞給主人，由主人倒滿再接過來，就是這個道理。

現在臺灣各飯店、酒樓所用的男女侍應生，都自誇受過嚴格訓練，其實如何倒啤酒也沒學會。第一，倒酒時瓶口要靠近酒杯，可不能碰著酒杯，杯裡啤酒跟泡沫應當是酒七泡三的比例。第二，酒杯裡啤酒未喝完，不可以往裡續新酒。這個毛病非常普遍，可惜飯店裡監堂管理員從來沒有人上前糾正過。

西洋人喝什麼樣的酒，用哪種形式的酒杯，是極有道理的，杯的容量、杯口寬窄、杯的深度、玻璃厚薄，在在都與酒質、酒香有莫大關係的。應酬場合所用啤酒杯，杯子要小，玻璃薄點無妨，這種啜飲不是一乾而盡，倒出的啤酒如果在杯中停留稍久，泡沫消失，苦水一杯，賞心樂事反而變成苦事，豈不大殺風景。三五知己鬥酒爭勝以厚重玻璃大杯為宜，泡沫推花，其白勝雪，邊飲邊嗅，啜香咽甘，逸興遄飛，才能領會到喝酒的真諦。喝酒最怕油腥，喝啤酒的酒杯，一定要特別潔淨，洗後的酒杯，忌用巾布擦拭，最好把酒杯倒扣，讓它自然陰乾。喝啤酒之前，要把啤酒杯先行冰冷，酒冷杯涼，啤酒的芳香才能全部發揮，如果酒冷杯溫，不但啤酒透明度容易混濁，而且啤酒的柔香容易沖淡。

喝啤酒的時候，應將上下嘴唇擦拭一下，然後上唇交接啤酒，人中擋住泡沫，把啤酒喝乾，泡沫仍留杯裡，酒香才不外溢。同時喝啤酒要痛痛快快，傾杯而飲，如淺嘗輒止，細玩其味來喝啤酒，其結果只是苦澀肚脹而已。以上這些都是兩位酒老闆飲者之言，細心體會，的確頗有道理存乎其間，這些年照他們二位說的來做，真正獲得不少酒中之趣呢！

上月份美國《新聞週刊》刊載，海德堡癌症研究中心的化驗人員發現，歐洲各國製產的啤酒中，有百分之八十以上含有亞硝胺。這一個報告，立刻引起德國、英國衛生當局的重視，而一般比較敏感的啤酒老主顧，也惶惶不可終日。其實啤酒所含亞硝胺的成分非常輕微，以每年每人平均消耗啤酒量最高，西德巴伐里亞區住民五十多加侖來計算，要喝二十多萬年的啤酒，才有一茶匙的亞硝胺，實在微不足道。

春回大地，一眨眼又到了喝啤酒的季節了，以筆者多年喝啤酒的經驗，喝適量啤酒，不但能降低血壓、促進睡眠，同時能使小便增加鹽的排泄，幫助體內鹽的含量平衡，對於腎臟、心臟都是直接間接有相當助益的，有好的啤酒您儘管放心喝吧！

吃大師傅——二品頂戴的闊廚子余雙盛

現代潮流所趨，大宴小酌都講究哪家飯店裝潢富麗，或是哪處酒樓招待宜人，僅僅臺北一隅，每個月就有若干食兼南北、味壓東西的飯館酒樓開張大吉，真所謂名副其實的吃館子了。可是割烹高手就那有限的幾位，有的並且不甘寂寞，還要飄洋過海爭取外匯，留在臺北幾位知名的易牙，你挖來我搶去，所以有些飯館剛一開張，點幾個菜吃，的確色香味都夠水準，可是吃上幾次，越吃越差勁，細一打聽，準保是掌勺的大師傅被人家用重金給挖走啦。例如有某家新開張的飯館，報上宣傳其布置如何堂皇，侍候如何周到，菜式如何更新，等您入座點幾個菜試一試，菜式味道十之八九似曾相識，甭問，準是從哪一家大飯館，把人家頭廚用大價碼給掇弄過來啦。前些年法國有位名廚「納許」，英國白金漢宮跟美國白宮用高薪厚遇拼命爭取，舉世報章喧騰譁笑，可是拿現在臺北的情形來講，已成司空見慣，不算什麼新聞了。

早先在大陸不講究吃館子，而講究吃大師傅。所有名廚高手，一個個刀火超群、割烹出眾，那些大師傅十之八九都是主人家富而好啖，窮年累月細心調教才卓爾不群的。例如湖南口味的譚畏公廚，廣東口味的江太史廚，四川口味的姑姑筵黃廚，淮揚口味的楊管北廚，以及蜚聲國際大名鼎鼎的彭長貴等人。除了菜好吃之外，對於菜式的安排、濃淡甜鹹的調度、出菜先後的順序，何者宜小酌、何者宜大宴，那都是經過嚴格訓練的，率爾操觚，婢學夫人，就難免有韭黃炒鱔絲上酒席的笑話啦。

清末民初在廚行中出了一位傳奇人物，此人姓余名雙盛，是山西文水人，大家都叫他余廚而不名，所以後來知道他本名的人少而又少了。余廚自從光緒中葉恭親王奕訢主持總理各國事務衙門時起，由一家山西票莊的推薦，到衙門大廚房當廚師。有一次恭親王跟劉坤一、李鴻章、張之洞幾位方面大員談要公，天晚了在總理衙門小花廳留飯，幾樣清淡小菜，就是由余雙盛親自掌勺，飯後幾位美食專家異口同聲，讚譽菜肴調配得宜，元脩九味，堪誇味壓江南。過不久余廚就領班擔綱，當了掌廚工作了。余廚不但刀、火工高，他的接納伺應手段，更是八面玲瓏高人一等。他在總理衙門擔任掌廚工作，手底下紅白案子以及切摘剁洗刮下手，有數十位之多，由他指揮調度，根本用不著他自己拿勺動鏟的，可是每逢總理衙門盛筵招待外賓，宴請勳戚貴藩，或是春卮禊飲，他必定躬親匕鬯表演一番。因為他心明眼亮，手段圓滑，接納了不少當權王公大臣，交結宮闈有勢的太監，後來居然納捐取得候補道二品銜戴花翎。凡是總理衙門尚書侍郎府上有喜慶宴會，他也是翎頂煌煌，揖讓進退，跟王公大臣時賢名流們平起平坐。而那些大人先生們，三節兩壽都受過余廚的厚贐，所以大家也都另眼相看，友禮相待。清末親貴中財豐權重的要算慶親王奕劻和載洵、載濤兩位貝勒了，有人說笑話，如果他們打麻將三缺一，只有把余廚湊一角才算旗鼓相當，可見余廚的家財是多麼雄厚了。

余雙盛除了自己納捐候補道外，他的少君小余也躋身外務部當個司官，在部裡擔任出納，名義上是兒子當差，暗地裡收支周轉全歸老太爺掌握。他對於有權勢用得著的員司，不但餘瀝分沾，就是預支薪餉，摘借應急，無不如響斯應，所以一般貪小便宜的員司，都跟小余攀交情拜把兄弟，對於余廚這位老伯大人更是畢恭畢敬、趨奉如儀了。

當時侍郎汪大燮不忮不求，在衙門裡一絲不苟是出了名的，他對於余廚從來不假以辭色，因此余廚對於汪大人多少有點忌憚。有一次慶親王御賜紫韁穿朝馬榮典，衙門中司員們要造府道賀，汪大燮自亦未能免俗，前往賀喜。汪升階還未入室，就看見余廚頂翎袍褂，在王公巨卿之前周旋言笑，逢迎趨奉。汪處此情形之下，可左右為難了，進非所願，退則失儀，正在惶惶愕愕之間，幸虧余廚尚識大體，趕緊趨避別室，兩位總算沒有白板對煞。此事汪曾記入他的《習靜齋札記》，諒來是不會假的。

慶親王奕劻主持外務部那段時間，是余廚最得意的時候，他最大的長處，是對人經常保持「小人罪該萬死，大老爺祿位高升」謙恭和藹的態度，就是對待雜役人等也絕無財大氣粗、仗勢欺人的狂態。所以交往越來越寬，眼皮子越來越雜。為了拉攏西太后跟前大紅人寵監李蓮英，把兒子拜在李的門下以為螟蛉義子，用來誇耀。

在庚子年八國聯軍撤軍，議和告成之後，慈禧從西安回鑾，一改排外手法，為了敦睦邦交，籌備在三貝子花園，大宴各國公使夫人，以及僑居在北平的東西洋名閨貴婦。官家盛宴，以慈禧的闊綽手面，再加上這趟皇差是由那琴軒（桐）承辦，自然是堂皇典麗、華貴雍容了。那桐為了討好皇太后，一切排場踵事增華，原本敦請英國公使館一位蜚聲國際的名廚主廚掌勺，頭一天已獲老佛爺的御諾，不料第二天叫起兒，老佛爺把那桐叫到御前說：「西廚手藝如何不得而知，假如做出來的菜，口味不合，不能盡如人意，豈不是大殺風景，咱們對洋廚子又不能加以斥責。依我看明天的宴會，還是用外務部的余廚吧！」由此可見余廚旋乾轉坤手段如何啦。這當然是李蓮英背地裡在老佛爺跟前搞的鬼，李總管向來是沒錢不辦事的，這種力能回天的舉措，余廚對李的孝敬，必定是令人咋舌的一份厚禮。這一宗皇差余廚各處打點固然破費不少，可是余廚算盤打得最精，一出一進，白花花的元寶又賺進了若干倍。總之，天家之富，大家油水均霑，倒楣的只是內務府的庫房而已。

民國肇建，唐紹儀出任第一任國務總理，外務部改成了外交部，余廚憑藉他為人四海、交遊廣闊，加上手段圓滑剔透，所以仍然能把持外交部的大廚房。等到陸徵祥（**清末駐俄公使**）出任外交總長，余廚又重施故伎，暗地選了一份厚禮到總長公館去。哪知陸總長是科班出身的外交人才，在俄、法、比利時住了二十餘年，最厭惡賄賂饋贈那一套官場惡習。第二天派人一調查，敢情是部裡一個掌廚的大師傅，盛怒之下立刻條諭開除，雖經余廚四處奔走盡力挽回，無奈陸總長耿介不苟，人情託到了袁項城跟前哼哈二將阮忠樞、楊雲史，陸徵祥依然毫不買帳。余廚只好捲鋪蓋放棄盤桓二十多年、足跨滿清民國兩代的老窩，另營別巢了。余廚是個不甘寂寞的人，過了不久又用他徒弟的名義，包下了財政部的大廚房，後來官場豔稱財政部的「小六國飯店」，就是余廚的傑作呢！

他除了財政部的大廚房外，始終不忘情老佛爺招待外賓一席華筵，於是又把三貝子花園的豳風堂包下來，承應全席小酌。他那時住在司法部街一幢花園洋房裡，三天兩頭坐著自拉轀的馬車到園子裡去招呼生意。有一年樊樊山主持的嚶鳴雅集，特地到豳風堂打詩鐘，有一條分詠格是「吃大師傅」、「丁香花」，一時佳作如雲，算是余廚臨老還出了一次鋒頭。據說余廚的菜並無一定格局，凡是各省各地的名菜，他一瞧就會做，什麼揚州獅子頭、羊城的燒紫鮑，刀工火候都能亂真。可惜予生也晚，只聞其名，未見其人，未嘗其味，否則從這位二品頂戴大師傅嘴裡，定能聽到不少上方珍異呢！

武漢三鎮的吃食

武漢三鎮，從歷史上看，在三國時代，龍爭虎鬥，已是兵家必爭之地。從地形上來說，地處九省通衢，長江天塹，水運總匯。開埠既早，商賈雲集，西南各省物資，又在武漢集散，所以各省的盛食珍味，可以比美上海，靡不悉備。因而武漢跟北平一樣，談甜鹹小吃多到不勝枚舉，可是要找一家真正湖北口味的飯館，就是湖北老鄉，還不一定能指出哪家是真正湖北館子。當年上海有一家「黃鶴樓」，現在臺北有一家「京殿」，據筆者所知，正式挑明是鄂省口味的，也不過僅此三兩家而已。

漢口青年會對門有一家三層樓的飯館，叫「大吉春」，樓寬窗明，大宴小酌，各不相擾。整桌酒席是江浙口味，小酌便餐則潮汕淮揚兼備，潮州廚師做魚翅是久負盛名的。大吉春的大蝦焗包翅，一般吃客都公認是他家招牌菜，魚翅發到適當程度，用火腿雞湯煨好，然後再用明蝦來焗，翅腴味厚，蝦更鮮美。當時青年會總幹事宋如海非常好客，遇有嘉賓蒞臨漢皋，總是信步到對門大吉春小酌，雖然是小吃，他經常喜歡點一隻大蝦煱包翅，那時物價便宜，所費不多，小吃而用包翅算是夠體面的了。梅縣謝飛齡兄當年任大智門統稅查驗所所長，他說：「想不到在漢口能吃到真正的家鄉（潮汕）菜，真是件不可思議的事。」

「蜀腴」，顧名思義當然是四川口味的菜館，老闆劉河官是四川成都觴園少東家，出川到漢口來闖天下，想不到一炮而紅。民國二十年左右，在漢口請客吃川菜，非蜀腴莫屬。後來河官年事漸高，就不大親自上灶掌勺啦，可是遇有知味之士，他還是抖擻精神，不吝一顯身手。

他最拿手的菜是水鋪牛肉，據說是跟家裡一位老傭人學的。他先把兩分肥八分瘦的嫩牛肉，剔筋去肥，快刀削成薄片，芡粉用紹興酒稀釋，加鹽、糖拌勻，放在滾水裡一涮，撒上白胡椒粉就吃，白水變成鮮而不濡的清湯，肉片更是軟滑柔嫩，比北方的涮鍋子又別具一番風味。這道菜，肉要選得精，片要切得薄，作料要調得恰當，水的熱度更有關肉的老嫩，看起來雖然簡單，可是做得恰到好處還真不容易。筆者在蜀腴吃過一次後試做了幾回，不是肉老，就是湯裡沫子多，始終沒摸到這道菜的竅門。後來來到臺灣，才知道張大千先生府上也善製水鋪牛肉，並且將其列為大風堂名菜之一。

蜀腴的青豆泥也是別處吃不到的一道甜菜，這道菜先把青豆研得極細成泥，脂油、白糖熬成糖漿，然後把豆泥混入，速炒帶攪，漸漸把泛在上面的浮油濾淨起鍋，用大瓷盤子盛起上桌，翡翠溶漿，細潤柔香。這個菜看起來不燙，可是不明究竟的人，吭嗆一口不單嘴裡起泡，甚至嚥下去還覺得胃腸火辣辣的呢，所以這道菜只能用盤而不用盅碗，就是利於早點散熱，不會讓客人把舌頭燙了還有苦說不出呢！記得閩臺菜都擅長做八寶芋泥，有一家菜館用中海碗盛芋泥上桌，愣是把一位女賓燙得直叫喚，賓主同感尷尬，堂倌更是不知所措，豈不是大殺風景。

漢口滿春有一家福建酒館叫四春園，他們自誇灶上掌勺的頭廚是從福州廣裕樓重金禮聘來的，廣裕樓在福州來說，可算首屈一指的飯館，從前有句俗語：「到福州沒吃過廣裕樓的菜，福州算白來一趟。」可見廣裕樓在福州牌匾有多硬了，不管四春園的大師傅是否真是廣裕樓出身，可是做幾道福州菜，確實花樣翻新，特別清爽。當年筆者最愛吃他家的白片雞，這道菜他們真能不惜工本，成年留有一鍋老母雞的煉湯，然後把兩斤重未下過蛋的雛雞收拾乾淨，放在大鍋煉湯裡蓋嚴煮熟，連鍋放涼備用，等上菜的時候才開鍋拆雞切片，裝盤饗客。原湯原汁，自然是腴潤味純，比一般飯館的白片雞，放在白水裡煮熟，立刻登盤薦餐的味道，自然是有天壤之別了。

另外有道蒜瓣炒珠蚶，珠蚶選得大小一致，猛火快炒，鮮腴魚嫩，拿來下酒，雋美之極。當年武漢綏靖公署辦公廳主任陳光組最愛吃珠蚶裡蒜瓣，我們有時同去，蒜瓣炒珠蚶必定要多加雙份蒜瓣，他專吃蒜瓣，我專吃珠蚶。何雪公（成濬）常笑我們說：「古人有同床異夢，你們兩人可算同餐異味了。」何、陳兩位現在都做了古人，想起這句笑談，令人有不勝今昔之感。

民國二十年左右，武漢幾乎沒有廣東飯館，後來漢口開了一家冠生園，跟著武昌也開了一家冠生園分店。廣東菜時鮮以生猛是尚，一般菜肴一向講求清淡味永，絕少辛辣，可是武漢地接湘贛，嗜辣程度不遜川貴，冠生園特地為嗜辣客人研究出一味辣椒醬，既宜啜粥更適健飯。原本冠生園早晚兩市，辣椒醬本是配碟不計價的，後來反而變成每桌必要的招牌菜，甚至有人還要買點帶回家去品嘗呢！

我因為不時光顧冠生園，跟他家主持人阿梁漸漸成了朋友，有一天阿梁特地請我去宵夜，吃正宗魚生粥。他說吃魚生一定要新鮮鯇魚，把鯇魚剔刺切成薄片，用乾毛巾反覆把魚肉上的水分吸取乾淨，加生抽、胡椒粉，放在大海碗裡，然後下生薑絲、醬薑絲、酸薑絲、糖浸蕎頭絲、茶瓜絲、鮮蓮藕絲、白薯絲、炸香芝麻、炸粉絲、油炸鬼薄脆，才算配料齊全。然後用滾開白米粥倒入攪勻，盛在小碗來吃，粥燙、魚鮮、作料香，這一盅地道魚生粥，比此前所吃魚生粥，味道完全不同。來到臺灣後，所有吃過的魚生粥，沒有一家能趕上阿梁親手調製的魚生粥的味道，醰醰之思，至今時縈腦海。

醉鄉是一家雲南口味的飯館，雖然只有一間門臉，不十分起眼，可是樓座寬敞豁亮，開二十桌酒席都不成問題。現在臺灣的雲南館子，最早有金碧園，後來又開了人和園、昆華園、純園，巧在所有臺灣的雲南館子一律用「園」字做招牌，是巧合呢，還是雲南朋友對「園」字特別偏愛。

現在一進雲南飯館，大家都要點個大薄片，在臺灣大薄片似乎成了滇菜的招牌菜了，好像吃雲南館子不點個大薄片，人家會以為你是「怯勺」似的（北平語「傻瓜」的意思）。不過當年的醉鄉雖然是雲南館子，可沒有大薄片，因為早先大薄片是雲南鄉間粗菜（所謂莊戶菜），後來由李彌將軍譽揚提倡，才大行其道的。

醉鄉的過橋米線特別夠味，米線其實就是米粉，不過他家米線是出自廚房大師傅手藝，不是雜貨店出售的一般米粉，好米線柔滑綿潤，不韌不糟，吃到嘴裡非常爽口。吃米線的肉片、雞片、腰片、魚片都要刀工好，切得飛薄，韭菜、筍絲、青菜也要摘得嫩、切得細，湯一起鍋一定要用碗盛，而且碗要高邊深底，才不容易散熱，保溫度高。肉片、蔬菜在滾湯裡一燙就熟，才能鮮嫩適口。醉鄉所用燙米線的碗，都是仿雲南盛米線的湯碗，在江西景德鎮訂燒的，碗牙兒聳直而高，碗底深，碗足厚，盛上滾沸原湯，因為聚熱的關係，肉片、菜蔬一燙即熟，端起碗來吃，而且不燙手。當年滬上名伶小楊月樓，應邀到漢口來演唱，對於醉鄉的過橋米線非常欣賞，期滿回滬，廣為介紹，所以上海男女名角，到漢口演唱，都要嘗嘗醉鄉過橋米線，吃過之後無不交口稱譽。

炸腦花也是雲南館子一道特有的菜。醉鄉的炸腦花，先把豬腦上的血絲筋絡剔得乾乾淨淨，用黃酒泡上幾小時，然後瀝盡酒汁，雞蛋打鬆加調味料，豬腦蘸蛋液入熟油炸黃起鍋，入口之後，隱含糟香，用來下酒，比諸炸龍蝦片，別有不同的風味。

醉鄉的宣威餅也是他家拿手的點心，餅裡所用火腿，都是雲腿，選材貨真價高，可是每天專門前去訂做宣威餅的人，還是供不應求呢。

沁園是一家寧波人開的飯館。筆者旅居武漢的時候，有一個十人餐會，每月聚餐一次，十人輪流主持，餐費均攤，最主要的是每月換口味，避免雷同，要吃不同省分的飯館。恰巧有一次筆者輪值提調，有位會友倡議要吃牛鞭，當時在漢口，沁園的紅燒牛鞭是頗著盛名的，於是訂座、訂菜特別點一客紅燒牛鞭，這道菜筆者從未嘗過，既然眾謀咸同，只好開一次洋葷。據沁園老闆說，這道菜一共燉了十多小時，有入口欲化的感覺才算到家，一大盤牛鞭，筋柔皮爛，其凝如脂，膏潤甘肥，可稱冬補雋品，後來在寧、滬都曾吃過這道菜，好像都趕不上沁園做的腴美。

漢口寧波里對面，有一家麵館叫樂露春，三間門面，都是竹障席棚，漢口暑天酷熱，加上傍晚江水蒸發，更是令人鬱悶難耐。樂露春欄檻通風，藤椅當階，比一般屋頂花園都涼爽宜人，所以夏季的樂露春傍晚到午夜總是賓客常滿的。他家各式麵點均備，但以滷鴨麵最出名，據說他家老滷已近百年，所以滷出來的鴨子汁濃味厚。喝酒的朋友，只要說拿個酒來，四兩白乾，滷鴨碟裝老滷加二，酒喝夠了，他才來麵。鴨滷澆在麵上一吃，不但津津有味，而且所費不多，是凡在武漢住過的老饕，大概沒有不曾光顧過樂露春滷鴨麵的。

靠近新市場有一家專賣麵食小炒的保定館，他家有兩樣最拿手的麵食，一是滿天星的疙瘩湯，一是花素鍋貼。北平一條龍、都一處都是以疙瘩湯出名的，這家保定館搓出來的疙瘩細如米粒而且柔軟，南方講究湯水，湯清味正，似乎比北平一龍一處疙瘩細小，湯更高明。至於花素鍋貼餡兒精細不說，皮的厚薄、鍋貼大小、鐺上的火候都能恰到好處。離開漢口後無論在什麼地方，一吃鍋貼，總覺漢口保定館的花素鍋貼應當列為極品鍋貼。

漢口近郊橋口的武鳴園，那是專門吃河豚的地方，雖然座地湫仄，可是一到河豚上市，百年老湯，湯滾魚肥，連當年財政部長宋子文，最考究飲食衛生的人，也要光顧嘗鮮，並且不時稱道讚美。可惜抗戰期間，敵機轟炸武漢時，武鳴園不幸中彈，一代名園頃刻化為灰燼，武鳴園河豚只能令人回味了。

聽李木齋世丈講：「前清湖北是督、撫不同城的，巡撫坐鎮武昌，總督駐節漢口，漢口水路交通輦轂南北，通商開埠華洋薈萃，形形色色的茶樓酒肆自然是爭勝眩奇，鱗次櫛比。而武昌是省會所在，官場酬應迎送頻繁，也很有幾家院寬室明，足夠大宴小酌，類似北平飯莊子一類排場的酒樓飯館，可是辛亥革命以後，飯食業全都集中漢口，武昌的大飯館生意蕭條日趨沒落了。」

到了民國二十年武漢大水之後，武昌比較像樣的飯館恐怕要算蜀珍了。蜀珍雅座四壁丹漆彩繪，掛有不少川籍名流的書畫，他家小吃相當精巧，酒席也夠氣派。

筆者好友湯佩煌兄最愛吃他家的肝膏湯，據蜀珍大師傅說，做一份肝膏湯要準備雞蛋三個，中號土雞一隻，上等豬肝十二兩，蔥、薑、鹽、酒、白胡椒粉、細菱粉各少許備用就夠了。先把豬肝刮成細泥，雞蛋打碎起泡，土雞煨成湯去油打清。先盛出一三紅碗晾涼，鍋裡留下一三紅碗雞湯小火保溫。蔥、薑切成細末，與肝泥攪和，加細鹽及酒，連同打碎的雞蛋一齊放入已經晾涼的雞湯裡攪勻，然後把攪勻的肝泥用紗布漏去渣滓，放在籠屜裡蒸十五分鐘至二十分鐘，此時肝泥已經凝而未固，用竹籤試戳，竹籤上不留血跡即可。肝膏蒸好，適量盛入用開水燙過的瓷水盤或水碗裡，立刻把火上滾開的清雞湯，慢慢澆在肝膏上，此時肝膏越細越嫩越容易被熱雞湯沖裂破碎，那就要看個人的手法了。一碗精緻肝膏湯，湯清膏細，不但吃到嘴裡滑香鮮嫩，而且看起來宛如一塊豬肝石放在清澄見底的筆洗裡一樣明澈。

筆者只有在幾位講究飲饌的川籍親友家吃過這樣的肝膏湯，在飯館裡所吃，蜀珍算是頭一份兒了。至於他家的乾煸牛肉絲，外焦裡嫩，酥而不柴，最妙的是乾鬆不油，一碟吃完碟底絕不汪油，這跟北海仿膳的炒肉末可稱南北雙絕，有異曲同工之妙啦。

民國二十二年夏季，武漢多時不下雨，入晚漢口就像大蒸籠一樣，溽熱無風，不到天矇矇亮不能入睡。武漢聞人方耀庭（本仁）先生說，武昌黃鶴樓前，他有一所別墅，冬施棉衣，夏捨暑藥，有兩位老人家經管，叫積善堂，非常涼爽。方先生約我過江小駐消夏逭暑，堂在半山，背山面江，房寬廊闊，四面通風。兩老一位是從前武昌府的都司姓蕭，一位是江夏縣的班頭姓陶，兩位久歷滄桑，人都非常清蔚開爽，沒事的時候閒話當年，彼此頗為投緣。

有一天，他們買了一種酥餅請我宵夜，據說這種餅是姑嫂兩人研究出來的，既無店鋪又沒有名號，她們只是批發給小販串胡同叫賣，大家叫它「姑嫂餅」，後來被附近文華中學的學生發現，大家都非常欣賞。酥餅白色酥皮只有燒餅一半大小，可是要賣燒餅同樣價錢，入口酥鬆微有甘香，可惜就是太不經吃，三口兩口就一隻下肚。文華中學在武昌算是教會學校裡的貴族學校，學生休假回家，時常大批購送家人親友，於是其名大噪，姑嫂餅被叫成「文華餅」，原名的姑嫂餅反而其名不彰了。文華餅的好處是鬆脆香腴，酥而不糜，跟山東曲阜的狀元餅極為相似，體積方面狀元餅稍大，文華餅更為小巧而已。

筆者在讀書時期就聽舍親蔡子壁時常慨嘆說，北平樣樣都好，就是吃不到像武昌謙記那樣滋味濃郁的好牛肉湯，當時很想將來有機會到武昌，嘗嘗謙記牛肉到底如何好法，值得鄂省同鄉這樣念念不忘。等後來自己到武漢工作，因為公務匆忙，反而把這件事忘了。有一天清早，都司老蕭問吃過謙記牛肉沒有，才跟他去飽餐了一頓。

謙記牛肉開在武昌的青龍巷，蓬牖茅椽，門口沒有牌號，毫不起眼，若不是有識途老馬，誰知那就是大名鼎鼎的謙記呢？他家是父母子女家庭化的小吃店，老闆管錢，老闆娘掌灶，小老闆擔任堂倌，姑娘管理雜物，一家四口，熙熙融融。屋子雖然破舊，可是桌椅板凳天天用鹼水刷得一乾二淨，匙箸盤盅更是沒有絲毫油星。每天一早還沒開堂（**北平叫挑幌子**），就有人排隊等待啦。因為店裡不寬敞，只能放下兩大一小三張方桌，前往吃客都要拼桌並坐，充其量也只能坐十多位客人。老友劉孟白家住漢陽，是謙記老主顧，他不叫謙記而叫它「兩張半」，就是因為它家只有兩張半方桌而起的諢名。

謙記賣的牛肉絕對是黃牛肉，民國二十年武漢大水，有幾天買不到黃牛肉，他家寧可上板兒暫停營業，也不會摻點水牛或雜種牛肉冒充黃牛出售。最初每天以三十斤牛肉賣完為限，因為生意越做越興旺，每天向隅的人實在太多了，才增加為五十斤。他們說每天賣的牛肉，夠一家四口的嚼穀（**生活的意思**）就得啦，為酬謝各位吃客的捧場，才勉為其難加到五十斤，再多忙乎不過來反而耽誤主顧了。謙記的牛肉好在不用大火，燉的時間又長，所以牛肉燉得特別爛，比起上海弄堂牛肉湯尤有過之。謙記牛肉還有一項獨特作風，就是盛牛肉一律用瓷盅而不用碗，據說是盅比碗保溫，吃牛肉的湯一定要滾熱，稍涼就有羶氣，就影響鮮味了。謙記牛肉肌理滑香，吃時不覺有渣，湯清味正，不放味精，所以吃完不覺口渴思飲。

謙記因為供量有限，只賣早市，當年乾旦徐碧雲在老圃組班演唱時，最愛吃謙記牛肉，可是他有阿芙蓉癖，起不了早，只有辛苦跟包過江買回住所去吃了。有時候我們看見徐的跟包崔二拿著罐子在謙記排隊，那是他們老闆想喝謙記的牛肉湯了。

武昌都司巷轉角有一家餃子館，專賣水餃、蒸餃，現在臺灣各地到處都有餃子館，可是當年在武漢專門賣餃子的餃子館還不多見呢！這間餃子館門面只有一間，店名「盛發」，可是大家都叫它胡駝子，跟人打聽盛發餃子館，不是左近的店鋪，還沒人曉得呢！胡駝子店主的父親在張之洞兩湖總督任內當過哨官，他兒子生下來就是羅鍋，既失官儀，假如吃公事飯也難得讓上人見喜。因為他不時跑內宅，張是南皮人，每餐少不了麵食，他偷偷學會了蒸燙麵餃兒。一種素餡，雖然是菠菜、小白菜普通蔬菜為主，可是剁得其爛如泥，碧玉溶漿，好吃又好消化，裡頭究竟加了些什麼配料，他就秘而不宣啦。一種葷餡，皮薄汁多，跟淮城湯包頗為近似。他得了父親的秘傳，就可以賣燙麵餃兒維持生計了。蕭都司跟他的父親是同參弟兄，曾經帶我到胡駝子餃子館吃過，他家素蒸餃玉糝新齏，浥潤清鮮，真有令人吃過還想再來的吸引力。有人說安慶江萬里的蒸餃最好，合肥蒯若木丈批評江萬里的餃兒油嫌稍重，比起胡駝子來還稍遜一籌。蒯是美食名家，所加評語當是的論。至於他家肉餡蒸餃，一包滷汁腴而不膩，跟上海怡紅酒家的灌湯餃滋味在伯仲之間，可是價錢方面就廉宜多了。

菜苔上市的時候，他還兼做紅菜苔的罐頭來賣，外銷遠及平津滬寧，甚至關外山陝，也有人來函郵購。武昌洪山出產紅菜苔，清鮮甘冽，本來久負盛名，可惜菜蔬容易發霉無法及遠。當年張香濤拿來饋贈京裡親貴的紅菜苔，源自幕府裡有一位師爺想出來的一個妙法。先將菜苔摘去敗葉，然後把接近菜根的部位，在滾熱的香油裡一浸，放入乾淨鐵罐內固封，可以保持半個多月不會霉爛，色香如新。到了菜苔上市，因為是獨家生意，一個菜季，入息也就很可觀了。有一年奉軍旅長劉多荃到武漢公幹，正趕上紅菜苔大市，他就一口氣在胡駝子處買了上百罐紅菜苔，帶到平津送人，得之者用臘肉來炒，無不視同珍異。聽說當年少帥張漢卿對於湖北洪山的菜苔也有偏嗜，每年都要派人來武漢，採購若干攏回供饌呢！

筆者在武漢工作五六年，那裡著名的菜肴，或是獨特的小吃，雖不能說遍嘗，大概也吃過八九，北伐之後，武漢三鎮財經商業漸漸移向漢口，尤其是廬山集訓一段時期，黨政軍學萃集漢口，談到吃食，簡直味兼南北，媲美滬寧。武昌對於飲饌方面，雖然日趨式微，可是有些獨特小吃，如果碰上識途老馬推介引導下，還是不乏一嘗異味的機會呢！

天津獨特的小吃

平津兩地雖然相距只有兩個多小時的車程，可是吃東西的口味，就大不相同了。天津有幾樣小吃北平人是不懂得吃，也不會做的。

貼餑餑熬魚

天津東濱渤海，又是南北運河、大清河、海河，新開河流交匯點，盛產魚蝦不說，而且是海味集散地，所以天津人不但喜愛吃魚蝦，而且更會吃魚蝦海鮮。不管有多少冗刺的大魚、小魚，天津老鄉們夾一塊往嘴裡一放，不一會兒就把魚肉理得乾乾淨淨，把魚刺吐出來了。既然愛吃魚，當然在烹調魚類的花樣技巧方面都堪誇是一等一的高手。

天津衛最擅長魚的做法，也是一般家庭常吃的美肴，就是所謂「貼餑餑熬魚」

鍋熟」。熬魚的做法很簡單，主要在火候上，首先把魚開膛，取出內臟，沖洗乾淨，在魚背上斜劃兩三刀。下鍋的魚是什麼種類，魚的長短寬狹不同，劃的刀痕長短深淺，可就憑經驗，看手法的高低了。魚收拾乾淨，放在醬油裡浸泡，等魚肉把鹹味吃透，然後撈起，把整條魚糊上一層乾麵粉（北方叫薄麵），放入油鍋裡煎。煎魚用油多寡要恰到好處，油太多變成炸而不是煎，魚肉焦而不嫩；油太少因為乾麵的關係，容易巴鍋。魚要煎成淺黃色為度，倒下醬油、米醋、甜麵醬、豆瓣醬，放上蔥、薑、鹽、蒜、大料等作料，再用中火慢慢的熬，熬到配料全部吸入魚肉就膏腴鮮芳，堪供舉家痛快恣饗了。

所謂貼餑餑，是用玉米麵（平津叫棒子麵兒）以溫水揉和成團，捏成巴掌大小的餅子，趁著濕潤，貼在熬魚的鍋邊上蓋上鍋蓋，等到魚熬得夠了火候，餑餑也就貼熟了。所以叫「貼餑餑熬魚一鍋熟」，潤氣蒸香，餑餑吸足了魚鮮，香味蘊藉，雖然粗糲，也覺得分外好吃啦。在天津衛那麼普及的飯食，甚至遠及北通州倒也頗為流行，可是北平始終沒有人仿效，究竟什麼道理，真令人納悶。

烙餅捲螞蚱

「烙餅捲螞蚱」也是天津獨有的吃法，除了天津，別處沒聽說吃螞蚱的。捲螞蚱的大餅，有人喜歡用大麥磨的麵粉來烙，有人喜歡吃麵粉摻棒子麵兒的混合麵烙，至於用機器洋白麵烙的家常餅來捲炸螞蚱吃，地道天津衛的人認為終歸沒有大麥麵或是混合麵來得觔道擋口呢。

天津有所謂「硬麵餃子軟麵餅」的說法，所以和麵都用溫乎水，和好麵先用擀麵杖擀成薄餅，撒上細鹽，搽好香油，撒點蔥花，然後盤成螺螄捲兒，再把它擀成餅，盤捲擀的次數越多，餅越鬆軟好吃。

烙餅的火候更要拿捏得準，火大變成了烏焦巴弓，火小烙的時間拉長，餅讓風嗞乾轉硬也不好吃。火候用得得當，烙出來的餅外面微焦，裡面鬆軟，才算合格。

平津所謂螞蚱，其實就是專啃五穀的蝗蟲。螞蚱到了秋涼產卵期，一肚子都是螞蚱子兒，公螞蚱沒人吃，專揀帶子兒的雌螞蚱，摘去翅膀，掐下大腿，專留一兜子兒的胖身子，放入油鍋炸得焦黃，撈起瀝去了油，撒上細鹽，用蔥花、醬油一拌，攤在餅上捲起來吃，天津話講那才要多美有多美呢！

當年南開大學校長張伯苓先生，非常風趣，有時候聊天喜歡鬥嘴，他說炸螞蚱撒上花椒鹽來下酒，有人請他上義順和吃俄國大菜，他都不去。雖是句笑談，可見炸螞蚱是多麼香酥誘人啦。

嘎吧菜

「嘎吧菜」是天津最平民化的食品，也是每天早晨男女老幼都喜愛的早點。嘎吧菜講究好湯，至不濟也得用豬骨頭來熬點湯，加五香、生抽勾好了芡，盛在大鍋裡用文火保溫。嘎吧菜是小米麵、綠豆粉混合攤成的薄餅，切成二寸長、一寸寬的菱形塊，然後焙乾，要吃的時候，用漏勺盛著放在鍋裡略微一煮，稍一回軟，立刻倒在碗裡加上滷水、辣油、麻醬、蒜泥、香菜，就成了一碗碰鼻香熱騰騰的嘎吧菜了。

戰前筆者在張莊大橋元興旅館住了半年多，元興旅館的掌櫃的，人稱張大爺，在法租界是位有頭有臉的人物，他祖上就是以賣嘎吧菜起家的。據張大爺說，早先他祖父在法國教堂前賣嘎吧菜，有位石家莊皮貨老客天天來吃。有一天那位老客忽然暈倒在他的攤子前，等把那位老客連撅帶掐救醒過來，敢情老客是皮貨銷完，遇著腥賭，一夜之間，賣皮貨的銀兩全部輸光，急氣一攻心，所以就暈了過去。祖父心腸一軟，給湊了幾個錢當盤川，讓老客趕快回家。過了兩年，忽然有人給帶了四個大麻袋來，打開一看全是口外特產最好的口蘑丁，口蘑熬湯比雞湯都鮮，口蘑之中又以口蘑丁最鮮，所以價錢最貴。原來皮貨老客是張家口一家大口蘑店的少東家，到天津來販賣皮貨，是家裡讓他出來闖練闖練的，想不到偶一涉足賭場，差一點兒客死異鄉，四麻袋口蘑丁，也不過聊表感謝當年援手之德罷了。從此張家的嘎吧菜，每天就改用口蘑丁熬湯啦。人人吃了他家的嘎吧菜，都覺得除了鮮美味厚外，還帶點滷煮雞的湛香，別家賣的嘎吧菜如何能跟他家來比呢？所以不幾年老張家大廈連雲，也變成張莊大橋一帶數一數二的富戶了。

筆者吃過他家的嘎吧菜，的確與眾不同，是否還用口蘑熬湯就不得而知了。

蛋話

筆者全家老幼對於蛋類都興趣極濃，有所偏嗜，所以每天雞蛋的消耗量也比較多。當年在北平只要賣雞蛋的在門口一吆喝「大油雞子兒」，十回九不空，總得照顧照顧買上十枚二十枚雞蛋。自從來到臺灣，亡友顧元亮兄說：「年過花甲的人，吃雞蛋每天最好以一枚為限，蛋黃最易增厚膽固醇，尤應禁食。」聽了他的忠告，再看看各種醫學的書刊，也是諄諄勸導步入中年的人，總以盡量少吃蛋黃為是，所以，雖然沒有像元亮兄那樣避之若魅，可是蛋的消耗量確也不像從前那樣暢旺了。

臺灣自提倡以化學混合飼料餵養來亨、蘆花、洛島紅等各式各樣舶來雞種後，生蛋率固然是大大提高，可是雞蛋殼變得其薄如紙，一碰就裂，只有洛島紅所生的雞蛋映紅柔潤，近似大陸的油雞子兒，蛋殼也比較堅實。養雞專家一再聲明，雞蛋不論紅殼、白殼營養價值完全相同，市上紅殼蛋每台斤價格要比白殼貴上兩塊錢，可是買紅殼蛋者還是大有人在，究竟什麼道理，咱也「莫宰羊」了。不過在心理上總覺得蛋殼既然易裂，蛋的營養分必定是紅勝於白的。

卵生動物所下的蛋大小之別真是判若霄壤，經常見過的壁虎蛋、蛇蛋、麻雀蛋、鵪鶉蛋都比雞鴨蛋為小。至於大一點兒的呢，筆者所見過的鱷魚蛋比鴨蛋要大一倍，至於鴕鳥蛋算是蛋類之王了，是筆者所見最大的了，其大小比初生的嬰兒頭顱還要大上一兩號。舍下有一枚鴕鳥蛋，放在多寶格裡用紫檀雕花架子架起來，蛋殼晶瑩似玉，白裡透紅，毛孔斑斑，厚有二分，敲起來聲如玉振，大概為了便於陳列，尾部鑿一小孔，早把黃白倒出。最先還不知是什麼動物所生，有如此之大，後來在台北動物園看到鴕鳥所生的蛋，才知道當年舍下所藏巨型的蛋，敢情就是鴕鳥生的。

因為愛吃蛋的關係，所以對雞蛋炒飯也有偏嗜。在臺灣，筆者到嘉義服公，因為人地生疏，曾有連吃七十二頓雞蛋炒飯的紀錄。朋友說餐餐蛋炒飯，恐怕腸胃受不了，可是我飲饌怡然，絲毫沒受影響。廣東最講究吃炒飯，除了加蝦仁、冬菇、干貝、雲腿、臘腸、叉燒之外，甚至於都是有說詞的。

梁均默（寒操）先生生前認為，吃蛋炒飯最好是用廣東增城縣出產的「紅絲苗」稻米，香軟柔潤，鬆散而不黏滯，煮粥炒飯都屬上選。筆者曾聽舍親王慕蘧講過用增城紅絲苗煮飯，他不用配菜，就可以連吃兩碗白飯，他的尊翁蒡樓先生做過增城縣縣知事，他當然是吃過稻米中最名貴的紅絲苗了。吃雞蛋炒飯雖然紅絲苗可遇而不可求的，可是米最好要用小站稻，西貢、暹羅、臺灣在來一類的米煮飯才對，至於黏性較重的上海大米、此地的蓬萊米用來炒飯一團一球，既難炒透，更難入味，那還不如吃碗白飯來得爽口。

米的本質固然重要，而蒸煮技術更不可忽，南方煮飯是米洗好加適量水來煮熟，所以又叫做焖飯。北方煮飯先將米下鍋煮軟到八分熟，立刻撈出用屜布包起上籠屜來蒸，所以又叫撈飯（蒸飯）。雞蛋炒飯最要緊是米粒鬆散，撈飯炒出來比焖飯自然入味好吃。故友陳延年有一套雞蛋炒飯的哲學，用冷飯、熱飯炒出來的飯滋味就完全兩樣。冷飯成團打散要用鍋鏟來按，忌用鍋鏟來切，蔥花要煸得透，雞蛋跟飯先要分開來炒，然後再混合炒，否則蛋飯冷熱有差，能夠減低香味。雞蛋炒飯最講究火候，炒得不透不入味，火候一老米粒轉硬發焦，不但費牙口，而且不容易消化。

從前廣州惠愛街有一家小飯館叫「玉醪春」，他家的炒飯名叫「上湯炒飯」，在廣州市首屈一指，做法是一邊炒飯一邊往飯裡灑雞湯，讓雞湯鮮味沁入米內，同時也免得飯粒容易焦硬，可是別家模仿來做，就沒有他家來得乾濕適度、鬆軟得當了。還有一種雞蛋炒飯叫「金裹銀」，金縷黃裳，色勝於香，如果加點火腿屑方能蛋香味透，單單金裹銀登盤薦餐，反而不如一般雞蛋炒飯來得適口充腸呢！陳延年兄有一套精研雞蛋炒飯經驗理論相輔相成的炒法，可惜英年早逝，他那套雞蛋炒飯的心法，也就湮沒不傳了。

純粹以蛋為主體的菜，除了北方館的溜黃菜、四川館的烘蛋外，最令人難忘的是河南館的鐵鍋蛋。北平厚德福，跟廊房頭條第一樓的玉樓春，是北平兩家著名的河南館子。糖醋瓦塊魚，兩家做的都好，鐵鍋蛋則玉樓春做不過厚德福，鐵鍋墨黑油亮，嗞嗞的響，一掀鍋蓋，炙香四溢，蛋更蓬勃怒發，非但膏潤鮮芳，而且久不散熱。

現在臺北山南海北，各省口味的飯館靡不悉備，可是河南口味的飯館始終尚付闕如。前幾天曾經請教過梁實秋教授，據說當年厚德福灶上的原班人馬，三十九年來過臺灣，打算復業，可是時間不湊巧，正趕上大眾勵行節約，飲食業蕭條異常，所以飯館沒能開成，我們朵頤福薄，令人不勝惋惜，否則在臺北多了一個河南口味的飯館，那有多好。

醃鹹鴨蛋，大家都知道江蘇高郵鹹蛋最出名，因為高郵有一種鴨子擅生雙黃蛋，會醃鹹蛋的高手醃出來的鹹蛋蛋黃柔紅暈豔、脂映金髓，用筷子一戳，黃油能摽出多遠。所以到高郵的行旅，離開時總要買幾隻嘗嘗，或者買點帶回家去，饋贈親友，是物美價廉、人人歡迎的高郵土產。

勝利還都，舍下在蘇北經營的鹽棧，抗戰期間都被偽軍竊據，治事之所也被眷屬們改為宿舍，所幸大小倉庫，除了少數堆存雜物外，大都閒置，不知費了多少唇舌，才獲陸續收回。鹽倉雖然八年未用，可是礎基石潺，積存的鹽鹵厚達尺餘，自需抬開石方把鹽鹵清掃，以利行鹵。棧裡有位舊同事，高郵人周棠文，知道棧裡要清理鹵溝，特地從高郵買了五百枚雙黃蛋來相賀，並且雇工挑來醃鹹菜老湯（他家是開醬園的）。先把鹽鹵用鹹菜湯稀釋，跟泥土攪成濃漿，然後把鴨蛋用濃漿糊勻，放入紹興酒罎子裡，擱在不見陽光的鹽倉裡。冬季大約六十天，夏季五十天，就可以洗清煮熟供餐了，除了黃沙膘足，夏天用來吃荷葉稀飯，玉液金漿，清馨浥潤，可算一絕。

醃鹹蛋從南到北都是以鴨蛋為主的，據說是太平天國東王楊秀清不吃鴨蛋，才改用雞蛋的，鹹雞蛋易沙多油，蛋白又細嫩適口，大受老饕們歡迎。後來有人研究出老醃臭雞蛋，蛋黃青裡泛黑，別有異味，更為逐臭者所歡迎。其先在平津一帶暢銷，流風所及，滬寧皖浙各省，嗜者都大有其人。可是旅臺近三十年，大陸各種小吃靡不悉備，唯獨老醃臭雞蛋還沒有人仿製呢！

前些時跟一些好啖的朋友閒聊，一般家庭主婦到菜場買雞蛋都喜歡挑大一點的。雞蛋論斤不論個，大點或小點原無所謂，可是先生們大都喜歡揀小點的吃，以我個人感覺，似乎黃比較小、白比較多，蛋白也嫩一點。證之北平賣燻魚、炸麵筋、下街的紅櫃子來說，他們賣的燻雞子夾發麵小火燒，就特別受主顧們的歡迎，此無他，無非雞子火燒都小得可愛，吃到嘴裡覺得有一種說不出的特別燻香而已。

最近菸酒公賣局第一酒廠有一位技工胡季達，公餘之暇利用紹興酒粕試製糟蛋成功，現在正跟新竹食品工業研究所合作，想把糟蛋冷凍製罐外銷。該所現在是由前農復會馬保之博士主持，馬氏博解宏拔、幹練敏實，一向不做沒有把握的事，將來研究成功，必定能夠展拓外銷、大放異彩的。在大陸，浙江平湖的糟蛋是最出名的，就因為平湖養鴨人家多，同時靠近出花雕酒的縣分，取糟用麴非常方便，所以能夠大量製造。平湖糟蛋分乾濕兩種，以口味來說，自然濕勝於乾。抗戰之前，筆者在老君廟礦區吃過糟燴白肉，所用的糟，就是取之於平湖糟蛋，糟蛋能夠遠銷到西北，這是想不到的事吧！

皮蛋北方叫松花，古老的皮蛋製造方法是用黏性泥土加稻殼，摻入鹼石灰、鹽稀釋成糊狀，把蛋包起來，經過三個月才算大功告成。這時皮蛋剝除外殼，蛋白上隱約呈現松雲萬狀、葉茂枝繁，所以稱之為松花。來到臺灣所吃皮蛋，不但松花跡冥，入口之後還有一股石灰臭，後來衛生局宣布，這種加添氧化鉛製劑的皮蛋含鉛量太多，有損身體健康，嚴禁製造。可是利之所在，有人鋌而走險，警方緝獲的這類鉛製皮蛋，堆積如山，定期在淡水河邊焚毀。

筆者碰巧經該處，觸目驚心，從此看見所謂化學皮蛋再也不敢下箸了。最近皮蛋製造業研究出一種安全皮蛋，並經衛生局化驗合格，我對皮蛋解除戒心才又開禁。一般吃法，皮蛋除了跟南豆腐加三合油、雪裡紅、蝦米拌著吃外，熱炒只有北方館的醋溜皮蛋，還有就是本省館子做的三色蛋（皮蛋、鹹蛋、鮮蛋攪勻同蒸）了。筆者當年在大陸研究出一種皮蛋的吃法，是把瘦肉、皮蛋一律切丁，先炒肉丁再下皮蛋，這個菜葷而不膩、宜飯宜粥，好像臺灣各位烹調專家還沒有人提倡過。現在安全皮蛋已經試製成功，家庭主婦不妨試做一次既經濟又實惠的皮蛋炒肉丁，給大人孩子們換換口味。

賞菊何需羨持螯

東籬菊綻，已透嫩涼，稷熟蟹肥，又到了持螯賞菊的季節了。平津吃螃蟹講究七尖八團，江浙一帶吃螃蟹說九月尖臍十月團，應時當令，才是黃滿膏腴的時候。初來臺灣人生地不熟，僅僅在蓬萊閣、新中華一些酒家吃過紅蟳，黃硬肉粗，徒有蟹形，而無蟹味。後來發現臺灣也有清水蟹，有人說蟹內有一種吸血蟲，如入臟腑，人即貧血羸枯而死。故友杜應鑛酷嗜大閘蟹，來臺之後就不時以臺灣清水蟹解饞，終以吸血蟲入肺，肺爛血竭，不治去世，於是我更斷了在臺灣吃清水蟹的念頭。

六十二年去港泰旅遊，在曼谷避暑勝地芭達雅海濱，一家大飯店新張迎賓宴會上，有一道菜叫「新巴克（New Bery）式燴蝦」。新巴克是大西洋海岸一個港口，以產龍蝦著稱。這道菜原本是以龍蝦為主的，可是那天的蝦，入口之後蝦肉細潤，遠勝龍蝦，芳鮮適口，幾可媲美陽澄湖紫背金螯大蟹。向人請教，才知道是泰國土產的長腳蝦做的。

參加這次晚會的有位泰僑魚類輸出組的鄺君，據他說：「長腳蝦是世界上最大的淡水蝦，東南亞的印尼、馬來西亞、泰國等地的溪流河川都產長腳蝦，以泰國產的長腳蝦肉最肥嫩。它是屬於雜食性的蝦類，除了以水生昆蟲、蚯蚓、蝌蛹、幼蛭，以及水裡植物的嫩葉鬚莖為主食外，甚至於人類所吃的食物，都能夠作它的飼料。不過最適於長腳蝦的水溫是攝氏二十四度到三十四度，水溫低於十五度時，它就失魂落魄呈現假死狀態啦。如果不趕快提高水溫，它就無法適應難以生存了。因為泰國長年酷熱，日照灼人，河川水溫經常比印尼、馬來西亞高而穩定，所以泰國的長腳蝦，鮮味、透明度在東南亞都是首屈一指的，凡是打算養殖長腳蝦的國家，都樂意到泰國來引進蝦苗。目前臺灣農復會（現改農發會）的林紹文博士，正在曼谷研究如何給臺灣引進長腳蝦繁殖飼養的技術問題，將來繁殖成功，臺灣不久就有肥大芳鮮的長腳蝦可吃啦。」聽了鄺君對於長腳蝦的一段談話，我在泰國住了一個暑假，留泰期間，遇有吃海鮮場合，總是大啖長腳蝦。

回到臺灣，曾經跟屏東東港漁會的林水破幾位先生們談起長腳蝦的問題，他們認為：「本省南部河川有一種過山蝦，無論煎炒烹炸做出菜肴來，風味都佳，跟長腳蝦有虎賁中郎之似，只有真正精於飲饌的內行，才能品嘗出些許差別。過山蝦的肉比較粗鬆一些，這種蝦也深受日本觀光客的歡迎，因為產量有限，每次網獲所得，大半都被幾家觀光飯店掃數蒐購，以饗外賓了。」

去年仲秋在屏東里港鄉友人家中餐敘，有一道菜是泰國式名菜「煎蝦餅」，旁邊還配了有甜、有酸、有辣的作料頗為道地，是女主人新從泰國學來的。這個菜選料要精，草蝦、沙蝦、斑節蝦都不能用，一定要用長腳蝦才夠味。大家試嘗之下，果然蝦鮮味正，肉細而甘，跟曼谷珍寶大酒樓的煎蝦餅式樣滋味完全一樣，經主人解說，才知道所用長腳蝦，就是從泰國引進繁殖成功的。

據說農復會引進的長腳大蝦，最初是交給水產試驗所東港分所跟台南分所培育飼養，經過兩所的細心觀察試驗，嚴格選別，飼養六個月即可登盤供餐了。於是在里港、高樹、潮州、枋山等十個鄉鎮各選五戶農家養殖。想不到民間大力養殖推廣之下，今年長腳蝦的年生產量，已經從三十公噸，遽增至八百公噸了。這種名貴且風味獨特的蝦種，市面售價每台斤約為二百二三十元，雖然還沒有滯銷現象，可是年產量二三十倍往上增加，如果不早點嚴格訂定產銷計畫，最後辛辛苦苦的成果恐怕要付之虛擲了。

昨天有人從南部給我帶來一簍剛撈上來的長腳大蝦，每隻都十多公分長，頭大腳長，身體壯碩。庭前菊花已綻，想起當年東籬賞菊、把酒持螯之樂，心中正感到悵惘空虛，有一種說不出來的滋味在心頭滋擾，忽然想起長腳蝦肉細而甜，拿它蒸熟蘸薑醋來吃，其味可能跟吃大閘蟹彷彿。於是洗淨紮好上鍋蒸煮，用薑末米醋蘸著蝦肉大嚼，雖然沒有腴潤的蟹膏可吃，可是比吃紅蟳過癮多了。長腳蝦的蝦腦殷紅柔腴、金漿味永，留起來下蝦腦麵，鵝黃襯紫、凝脂腴香，比起上海大發的蝦腦麵又高明多了。現在既然吃不到大閘蟹，能吃到長腳蝦來代替，可算慰情聊勝於無啦。聽說養殖專家們為了推廣長腳蝦，正研究菜式，準備再開一次品嘗會。我想，以蝦代蟹的清蒸大蝦，以及蝦腦煨麵，列入菜式，一定能受到老饕們的歡迎呢！

清宮膳食

中國歷代皇朝，對於宮廷飲食記載，大都約而不詳。例如元朝「飲膳太醫」忽思慧編纂的《飲膳正要》，雖然是一本皇家飲食的著述，也是中國飲食文學中唯一的官書。不過因為蒙古人生長在平沙無垠大漠地帶，飲食習慣，限於環境，日常以牛羊、野味、酪漿為主；後來雖然繼承大統入主中原，但在飲食方面，仍保有濃厚的塞上粗獷豪邁風格。每天御前菜單，菜色只是在牛肉、羊肉、獐麅狐兔上變花樣，連豬肉、魚蝦都很少採用，更遑論春韭秋菘一類時鮮菜蔬，以及洞子貨啦。

北平近郊豐台一帶，有技術高超的菜農，向陽挖掘地窖，有時兼用火烘，在嚴冬地凍、滴水成冰的季節裡，能培養出黃瓜、扁豆、香椿一類細巧果蔬，專供御用，老百姓是難得一嘗的。到了清末民初，民間才偶或有這種稀罕物兒吃，不過價錢也就貴得令人咋舌啦。

明朝朱元璋出身草莽，他的馬皇后以勤儉樸實出名，有這樣開國帝后樹之先謨，所以後世子孫，對於飲饌方面，倒還沒有靈肴千種、筵酺晏晏、窮極恣饕的情形。明朝到了末幾代皇帝，多半驕奢淫逸，沉迷酒色，又篤信一般道家術士煉汞求丹伎倆，講求藥補食療，饔飧饈膳，頓頓離不開藥物入饌，什麼老山人參燉雛鴿、五味地黃煨豬腰、陳皮仔薑煲羊肉、枸杞杜仲氽鯉魚……等等。當年隨園老人袁子才說：「明朝宮中飲食，由療饑變成卻病，所謂有菜皆治病，無藥不成肴。」隨園老人這幾句話，可以說把明朝宮廷膳食形容得刻畫入微了。

清朝宮廷飲食記載，從順治以迄雍正，雖然也約而不詳，可是到了乾隆臨朝，這位十全老人曾經遨遊過大江南北，見多識廣，漸漸成為美食專家，獨出心裁，樹立膳食檔冊。凡是品嘗過的珍食異品，全部不厭其詳的注錄列檔，甚至每天用膳時刻、膳品名目、用料分量、烹調方法、治膳廚役姓氏、臨時加傳膳品名目、用膳餘餕分賞何人，也都逐一記錄入冊。

曹錕當選大總統後，遴派蘇州名醫曹元參為總統府正醫官。曹元參在光緒末年曾充太醫院醫官，據他說清宮御膳房所列各宮膳食單（包括后妃暨分宮阿哥公主在內）都有一份副本送太醫院存查。這是沿襲元明舊例辦理的，因為食物相生相剋，避忌甚多，如有不妥，太醫院要隨時提出，加以糾正。同時太醫院明瞭各宮日常傳膳情形，遇有大小病痛，太醫們進宮請脈時，可以有個參考，便於下藥。

曹元參初到太醫院，他的工作就是審核膳食單。他在院裡當值，閒中無聊，偶然翻閱國初舊檔，順治、康熙兩朝膳單，肉類仍以獐麅麂鹿、山雞、野兔、牛羊為主，那些獸肉山禽都是東北特產，區域色彩還相當顯著。及至乾隆南巡回京，宮廷口味為之丕變，魚中的鰣鱸鰲鮑，蔬菜裡的薺蓴苔蕹都登盤薦餐，列為上食珍味。道光是有清一代悃愊無華、不尚虛矯、崇法務實的皇帝，凡是郊天祚祭，總是獨宿齋宮，撤樂減膳，食不逾八簋，比一般中產之家的飲食還要儉約。宮中傳說，道光認為每天晨餐吃「雞湯臥果」都嫌靡費，當屬事實。

有一位曾經伺候過慈禧太后的宮女說，慈禧晚年膏腴競進，縱意所如，一頓晚餐，水陸珍異，多達一百二十八品。清宮進膳例用髹漆金繪烏木大方桌五張接連，每張餐桌都排滿了杯盤碗盞，總有二十多樣一桌。

同治元年十月初九穆宗即位，恰逢慈禧萬壽，那時候她已經是母儀天下、垂簾聽政的皇太后。筆者見過當年壽膳房在養心殿伺候一桌壽筵的菜單，菜單上寫明用海屋添籌大膳桌，鋪黃膳單（**即黃餐巾桌布**），計火鍋二品：豬肉絲炒菠菜、野味酸菜；大碗菜四品：燕窩「壽」字紅白鴨絲、燕窩「年」字三鮮肥雞、燕窩「如」字八仙鴨子、燕窩「意」字什錦雞絲；中碗菜四品：燕窩鴨條、鮮蝦丸子、燴鴨腰、燴海參；碟菜六品：燕窩炒燒鴨絲雞泥、蘿蔔醬、肉絲炒翅子、醬鴨子、鹹菜炒茭白、肉絲炒雞蛋。照這桌壽筵來看，以件數說，不過十六品，所用材料，除了燕窩配用稍多外，所有菜式一直在雞鴨上打轉，蝦只一味，魚竟無一入饌，魚翅僅僅列入碟菜熱炒。如此看來，所謂天府盛食珍味，平心而論，比起現在臺北一些豪華酒樓一桌鮑翅上席，講材料、論花式，精巧細緻，簡直有霄壤之別。

是否這一席壽筵，是日常例菜之外特別增加的，那就不得而知了。至於傳說一席有一百二十八碗菜肴之多，衡諸進膳用五張八仙桌的事實，可能不假，料想御膳房的庖人，在御前當差，大都不求有功，但求無過，一切率由舊章，恪遵往例。加之取材不廣，自然不會饈進百味，有什麼五蘊七香的新菜式呈獻御前了。

從前聞聽曾經在御膳房當差的老年人說過，內廷的廚房，原本叫御膳房，到了慈禧六十大慶，才把御膳房改名壽膳房。所有杯盤碗盞，匙箸盅碟，以及飲食用的餐巾桌單，全部重燒再製，一律以「壽」字為主，什麼萬壽無疆啦，壽山福海啦，五福捧壽啦，延年益壽啦，真是龍紋鳳綵、華縟敻麗，甚至瓷甌樏盒，金扉朱牖也要漆上五福捧壽圖案。本來貴為天子，富有四海，所希冀的就是長生不老、享樂期頤，所以處處都用「壽」字，取其吉祥而兆大年。就這樣一折騰，不知道耗費若干國帑，造化了多少辦差的專員。

清朝自乾隆即位，對於宮廷飲饌才有定制，皇帝進膳是一百零八品，皇太后同樣也是一百零八品，皇后九十六品，皇貴妃六十四品，妃嬪貴人、成年分宮的阿哥、公主，用餐也都有規定的品數。至於年幼未分宮的皇子、格格們，都是依親進食，除非逾格蒙恩，另邀上賞，御膳房是不另外整桌傳膳的。

宣統沖齡入承大統，雖然沒有跟他的皇阿媽隆裕太后一同進餐，可是要按祖制一百零八品傳膳，未免過分靡費，於是從權減為二十六品，加上隆裕太后跟四位太妃每餐的例賞，也就有四、五十品，堪稱羅列滿前啦。據說宣統從小最愛吃端康、敬懿兩位太妃賞的菜，御膳房每天的例菜，幾乎連筷子都懶得動，所以每次傳膳，總是把各宮送來的加菜，放在最跟前伸手可及的地方。

內廷御膳房設在大內遵義門長巷的南三所，距離宣統用膳的養心殿已經很遠，離端康太妃住的永和宮更遠，離敬懿太妃的儲秀宮、莊和太妃的永壽宮、榮惠太妃的長春宮三處也不算近，因之無論什麼盛食珍味，擺上餐桌，就是用水碗暖鍋，也不過是即之微溫而已。有人說那不會把御膳房搬到比較適中的地方嗎？要知掖庭關防，向來是異常嚴密的，就是清室遜位，蹋處後宮，也是警蹕森嚴未容稍懈，御膳房的廚師、雜役人等，品流龐雜，向來是不准跨過遵義門一步。御膳房在傳膳之前，早把所有菜式全部割烹就緒，分別盛在不怕燒的有蓋大砂煲裡，放在極厚的熱鐵板上，上面再蓋一張同樣的鐵板，上下都用炭火烘烤著，由當值的小太監抬進內宮，一聲傳膳，撤去鐵板，把砂煲裡的菜肴倒在細瓷的器皿裡，菜雖不會太涼，可是滋味如何，那就可想而知了。

當年故宮博物院剛剛開放任人參觀的時候，永壽宮玻璃櫃裡陳列著宣統出宮前的一張午膳菜單，計開：「口蘑肥雞、三鮮鴨子、五綹雞絲、燉肉、燉肚肺、肉片熬白菜、黃燜羊肉、羊肉熬菠菜豆腐、櫻桃肉山藥、爐肉燉白菜、羊肉片氽小蘿蔔、鴨條溜海參、溜鴨丁腐皮、燴葛仙米、燒茨慈姑、肉片燜玉蘭片、羊肉絲燜疙瘩絲、炸春捲、韭黃炒肉絲、燻肘花、小肚、滷煮炸豆腐、烹掐菜、花椒炒白菜絲、五香絲、祭神肉片湯、白煮賽勒、煮白肉。」

這個菜單，甭說燕翅網鮑，就連魚蝦海味也未列入菜式，一般人總認為宮廷飲饌必定是珍饈交錯、虛靡浮誇，照以上那個菜單來看，不但粗劣平常，不成格局，除了菜式較多外，以素材論，比中上之家飲食還要遜色呢！

宣統大婚之後，御膳房格於祖制，雖然未敢公然裁撤，可是架不住婉容淑妃的一再慫恿，先是在北平著名山東飯館東興樓包伙，把菜肴做好，送進宮裡去吃，後來又改吃擷英番菜館的西餐，一直留到宣統出宮，御膳房才成為歷史名詞。

冬補瑣談

今年農曆閏六月，入冬較遲，到十一月八日（農曆九月十九）才立冬，十一月初四冬至，報上登載近兩年冬令進補的人越來越少，立冬那天，中藥店的東夥們都坐在櫃台旁邊打盹，生意比往年來得稀疏清淡。可是過個沒幾天，報紙又登載因為冬令進補的關係，桃園、新竹以及中南部的菸酒零售商呼籲米酒都被進補的人買去，米酒缺貨，想買瓶米酒來當料酒，簡直都戛戛乎其難。

照實際情形來看，中國從古迄今，冬令進補已有數千年悠久歷史，有些人先天不足，天生羸弱，有的是大病初癒，體氣未復，還有常年勞動，體力消耗過甚，經年用腦過度、精力亟待補充，照以上種種情形來看，就是西醫也主張針藥並投，並非絕對不贊成進補，不過明明體健身強，每年入冬也要「四物」、「八珍」、「十全」大補一番，就非西醫所能贊同的了。至於中藥冬令培補的藥物，也分「平補」、「溫補」、「清補」、「濇補」，方法很多，要按個人體質寒火，病源所在，虧損程度的輕重，對症下藥，再按藥力、藥量加以增減，並不是死死板板一成不變的。

為什麼選擇冬令進補呢？按照大陸習俗，立冬是十月節氣，「冬」是終了的意思，蟲蟻蠅蠍交了這個時序，都要蟄伏潛藏起來，所以叫立冬，中原一帶，已經是朔風凜冽，關東漠北更是瑞雪紛飛、非裘不暖了。

依照中國傳統的說法，中藥的補劑，都是偏向燥熱亢奮性質者居多，天候嚴寒可以抵消部分亢燥的藥性，如老山野參、梅花鹿的血茸、牛鞭、鹿鞭，都是峻烈炙熱性質的補藥，體氣健壯的人，隨時服用，極易引起虛火亢陽的後果，必須選擇奇冷酷寒的季節來進補，才能發揮藥效，否則無益而且有害。

江南閩粵，地近亞熱帶，立冬前後，氣候只是寒氣襲人，不到凜冽酷寒程度，甚且有時候突然回暖有同陽春，就是體弱畏寒的人進補，也只能溫補，峻補仍舊是不相宜的。所以進補要看節氣冷暖而定，立冬進補以溫補為尚，若要大補，最好到三九酷寒服食，才能使藥效發揮到極致，而不產生不良的副作用呢！

西方醫學隨科學昌明而日趨進步，對於人體的組織、器官機能都有精闢的分析。同時對於物質的元素，更有準確的釐定，頭痛醫頭，腳痛醫腳，劍及履及，所用補劑，以針劑為主，皮下、靜脈兼施，再輔以丹丸片液，如響斯應，真有立竿見影之效。而中藥所說冬令進補，以形補形的一套說法，早些年西醫認為，國人對於「補」的觀念，過於籠統，而中藥的藥效，許多又未經證實，縱或含有若干營養成分，但究竟能產生多少藥理作用，對健康究竟能產生什麼實質上的幫助，還沒有肯定的科學根據。這種惡補，雖不一定有什麼害處，但也談不上實際有多少補益。

自從歐美醫學界發現甘草、麻黃的確有卓著的藥效後，進而研究人參、鹿茸、銀耳……等等，經過若干人的分析化驗，確實各有獨特藥效，而中藥品類浩繁，有的對神經系統，有的對血液系統，有的對消化系統，都有不同適應需要的吸收功效。對於冬令進補的習俗，於是逐漸改變舊的觀念，並不一味斷然反對，只是認為正確進補方式，首先要了解自己體內所缺少的是何種營養素，然後對症下藥，才能對人體產生實際效果。一味盲目峻補，不但浪費金錢，而且對身體反而有害。這種道理，質之中醫又何獨不然，中藥之有平補、溫補、清補、濇補，種種不同培補方法，就是這個緣故。不過中醫一向有大而化之，不願深入的慣性，習而不察罷了。

中藥補品種類雖多，但大致可分兩類，第一類是純用藥材煅煉的，第二類則是各種獸肉鱗介。有些補劑以第一類為主，第二類為輔，又有些以第二類為主、第一類為輔，這種剛柔相輔相成、水火既濟、君臣相配的醫理，幾千年流傳下來，取法於古，摘抉精審，不是對於藥性醫理研幾析微，是無法說出所以然的。

秋風起兮三蛇肥，嶺南補品以蛇羹為多。一交立冬，各大酒樓餐廳都以三蛇大會、全蛇大會、龍虎鬥來號召，蛇羹除了味道鮮美可以大快朵頤外，冬季多吃幾次，嚴冬不太怕冷那是事實，至於真正功能乃在蛇膽。蛇膽功能明目、驅風、祛濕、活絡、除痰、下氣，對身體確實十分有益，近年日本醫學界也研究蛇肉、蛇膽對人體補益很大，臺灣又是毒蛇產地，有些日本人來臺觀光，都買點蛇粉、蛇膽丸帶回去當珍品送人呢！

羊肉也是冬令進補的恩物。不過黃河以南沒有大尾巴羊，都是山羊，肉味羶而微膻，再加上南方人喜歡帶皮吃，而且烹調不甚得法，所以不大受人歡迎。如果以羊肉進補，必須清燉，配以淮山藥、枸杞子；怕羊肉羶味，可放上幾枚帶殼的桂圓乾，對於冬季手腳冰冷、虛弱、貧血，均有顯著功效；加入羊肝同煮，凡是視力不清的人，效力更為顯著。不過患有感冒的人忌吃，等感冒好了，才能進補。

甲魚的好處很多，主要的功能是養陰，凡是睡眠不足、煙酒過多都極相宜。吃甲魚要不大不小，以馬蹄子大小為度，文火清燉，最多放點桂圓肉，其他藥材均免。如果放入其他溫補藥材，反而會減低滋陰的效果，陰虛肺弱的人，多吃幾次甲魚，適時適量，可能轉弱為強。

野鴨、乳鴿、魚頭、豬腦都是屬於滋原養陰一類補品，燉羊肉、煨牛鞭、燴三蛇屬於補血強腎的食物。二者性質不同，功能各異，用之得當咸能適應不同性質、差別程度的需要，藥補食補混為一途，令人不致食難下嚥，有吃藥的感覺，這可以說是中國傳統補品的最大優點。

中藥中最貴重的補品，自然是人參和鹿茸啦。人參、鹿茸都是中國東北特產，鹿茸分成對的鹿茸、鹿茸片、鹿茸粉。在東北，野生鹿茸價值最高（民國初年黑龍江督軍孟思遠孝敬洪憲皇帝袁項城一對極品鹿茸，繃在玻璃錦匣內，據說那個時候就要上萬銀元一對了），開出片來，澄黃凝玉，隱散葩香，拿來燉雞，是絕妙補血良方。現在臺灣野生的梅花鹿因為濫捕的結果，已經日見稀少，冬補所用鹿茸，多半是人家豢養的。鹿角剛長出不久，角上長滿細軟冗毛，鋸開之後，因為還沒有變成骨質，血脂半凝，臺灣中藥店稱之為血茸，說是最好的補血上品。以藥效來講，自然稍遜澄黃透明的鹿茸，不過臺灣地屬亞熱帶，就是三九天氣，比起關東塞北簡直談不上寒冷，冬令進補，以血茸入藥也盡夠啦！

人參中當然是以吉林長白山一帶的野山人參藥效最好，可以說補藥之王，益氣養血，功效顯著而且迅速，所以它的價值比鹿茸要高出若干倍，一枝成形的人參，是可遇而不可求的神品。近年歐美醫學界正在研究人參的功效究竟如何，褒者貶者各執一說，尚無定論，不過一般人死後三小時，屍體就僵直冰涼了，如果臨終前服過濃厚人參湯，則屍體經過六小時，尚溫軟如生，那是一點也不假的。人參之所以名貴，由於它總是生在靄抑冥密的深山峻嶺裡，其本質又細弱嬌嫩，雖然生長在冰天雪地酷寒地帶，可是又要寒中帶暖，避風向陽。有經驗的參戶們說：疊嶂環抱，薄日烘雲，四隅峭仄，中心砥平，經過十年二十年孕育，才能有成氣候的遼參，還要經過洗、烤、修、晒才能售得高價。

韓國用人工培植的高麗參，雖然也具益氣補元的功效，那比我們東北野山參可就差多了。至於舶來品的花旗參屬於清涼溫補之劑，跟人參的作用就迥不相同了。

婦科補藥以當歸為主，男人補品有北芪、黨參、淮山、枸杞，藥雖普遍，可是冬令進補都是主要的藥材。近年來中藥仿照西法提煉的鹿茸精、鹿茸精片、人參精、人參精片、當歸精、當歸膏、蜂王精、紫河車片，價錢便宜，服用簡單，經過醫師指點，按照各人稟賦所缺，適時適量的服用，也是頗具功效的。

比較清淡一點的補品，有蓮子、桂圓、銀耳、燕窩；列入珍饈的補品，有海參、魚翅、干貝、鮑魚、魚肚、牛鞭、蹄筋……等，個中所含成分無非是糖類、蛋白質、鈣、鐵而已。一般說來，大家認為最名貴的魚翅，所含蛋白質有百分之六十以上，可是對人體最需要蛋白質的成分就極為有限，其實那些對人體有益的成分，在蛋類、魚肉、黃豆、牛奶裡都可以獲得，同樣富於營養，價錢可就便宜得多了。

因此要補充營養，富有的人當然可以隨自己高興進補，講究美食美味，來滿足口腹之慾。如果精打細算一下，不一定要吃高貴補品、山珍海味，只要能濟其所缺，才是我們迫切需要的呢！在吾人日常生活中吃的米、麵、雜糧，各魚蝦肉類、牛奶、雞蛋、蔬菜、水果，都是補品珍饈，能夠不擇食、不偏食，實在無須講求什麼冬令進補了。至於有些人身體組織、器官、機能，先天後天的迍邅，新陳代謝的失調，那就要請教高明中西醫，酌情投以補劑啦。

送信的臘八粥

北平人有句諺語是「送信的臘八粥，要命的關東糖。」意思是說吃了臘月初八的臘八粥，就該準備過年還賒清欠了；吃了臘月二十三祭灶的關東糖，年近歲逼，債主等就要上門討債了。吃臘八粥的風氣，好像北盛於南，談到口味，向來是南甜北鹹。筆者吃過江浙兩湖皖贛等省人做的臘八粥，大半鹹多於甜，反而冀晉察綏的臘八粥都是甜品，還沒見過有做鹹臘八粥的，真是令人百思不得其解的事。

當年在大陸，凡是信仰佛教的人，對於臘月初八都稱之為佛臘，熬粥供佛，又叫臘八節。依據佛典記載，釋迦牟尼佛，是印度迦毗羅城主淨飯王的兒子，為時在周昭王十六年誕生，生下來就有超人的宿慧。他看見眾生為生、老、病、死、愛別離、怨憎會、求不得、五陰熾盛等八種苦厄煎逼，還有當時印度四姓種族階級的不平等，毅然放棄王位，深夜悄悄溜出王城，歷盡千辛萬苦，跋涉險阻，雲遊到了藍摩國，遇到一位先知聖哲，經過三天三夜不眠不休的談經說道，才皈依佛門。苦經六年，天天坐在菩提樹下，靜觀思維，終於臘月八日，夜睹天上明星，禪心一點，忽然大顯光明，立即悟道成佛。

印度曆法是建子的，釋迦悟道那天，印曆是二月八日，拿中國建寅的夏曆來推算，恰好是夏曆的十二月初八，於是中國佛教徒眾，就把臘月初八定為佛祖證道的吉日良辰了。

臘八粥源遠流長，由來甚古，據說古代印度佛教僧徒，鑑於佛祖未成道前，六年的苦行修持，每天只吃一麻一米，佛弟子為了永誌佛祖成道前一麻一米的苦厄，所以每年臘八用豆果黍米熬粥供佛，永矢弗忘，說是喝了佛粥，可以上邀佛祖庇佑。自從佛教傳來中土，各大禪林寺院都在臘月初八那天拂曉熬粥供佛，所用粥料五穀雜糧樣樣俱全，為了表示誠敬，又加上各式各樣的珍貴乾果，名為「七寶五味粥」。僧徒們交遊於廣闊的大叢林，並且於當天柬邀護法施主、善男信女蒞臨隨喜拈香，品啜供佛的餘餕——臘八粥，燈油香敬自然要加倍布施，香客帶福還家，彼此皆大歡喜。

中國民間喝臘八粥，漢武帝時代就有這個習俗了。到了盛唐，唐太宗崇信佛法，並且派玄奘法師間關萬里，西去天竺求取真經，於是過臘八啜臘八粥的風氣，更盛極一時。清朝也是信仰佛教的，康熙年間海晏河清，承平已久，有一年皇帝一高興，把大內供佛的臘八粥賞賜有功臣僚，從此成為常例。雍正官窯燒的白地青花瓷器雅贍古樸，最為瓷器鑑賞專家們稱譽，他藻飾增麗特地完製了一批白地青花的粥罐，賞給近臣內戚。嘉慶步武前朝，也做了一批五彩實花描金的粥罐賞人，後來被人發現這些兩朝特製的粥罐，如果用來養植矮枝芍藥，每天換水，要比一般古瓷的尊罍，可以耐久四五天之多，經人一相互傳說，雍正、嘉慶時代窯燒的瓷罐，都成了古玩鋪的瑰寶啦。

臘八節熬臘八粥的習俗，黃河兩岸、大江南北以至珠江流域，好像都很普遍，以我個人喝過的臘八粥來說，恐怕屬北平的臘八粥最考究。北平是遼金元明清五朝的都城，人文薈萃，飯食、服御自然和別處不同。北平的臘八粥的粥料，小米、玉米糝、高粱米、秫米、紅豆、大麥仁、薏仁米都是不可少的穀類。拿粥果來說，乾百合、乾蓮子、榛瓤、松子、杏仁、核桃、栗子、紅棗也是不可或缺的。同時還要先把紅棗煮滾剝皮去核，棗子皮再用水煮，澄出湯來倒在鍋裡一塊熬粥，柔紅棗香，既好吃又美觀。乾果中的百合、蓮子是要跟粥料一齊下鍋的；至於其他粥果紅棗、栗子、松子，可以另外放著；杏仁、核桃、榛瓤，怕風吹乾，可用糖水養著，等粥上桌，多種粥果可以隨意自己來放。

習俗流傳供佛祭祖的臘八粥，一律用粥罐上供，不用碗筷，雖然老媽媽論說不出所以然來，遙想當年佛祖未成道以前托缽乞食，自然是不用碗筷的，既然是追念聖哲，缽不易得，只好以罐來代替了。按照常例，粥裡只能放紅糖，不准放頭貢、二貢一類白糖，其故安在，就不得而知了。粥罐的體積大，供神祭祖、饋贈親友的臘八粥，為了誠敬美觀，粥面一綳皮子，有些閨中巧手用山裡紅、荔枝乾、龍眼肉，配上松子、瓜仁做出各式各樣的花鳥蟲魚、飛禽走獸、龍舟鶴首、鱗翼宛然，真是鋪啜風流，令人嘆為觀止。

供佛祭祖之後，孩子們還有一項差事，前庭後院、樹木花叢，凡是亂幹柔根都要澆上一勺濃嘟嘟的臘八粥。說是春回大地，不但蔥翠茁旺，而且花繁葉茂，果木樹也不歇枝，是否真有此事，也就沒人研究理會了。

豪門巨族所熬的臘八粥，除供佛祭祖之外，還要饋贈親友，果粥一罐未免寒酸，於是還得配上兩菜兩點，說是獻佛餘餕，自然菜點全是淨素。有些閨中妙手，親主庖廚，雖然說是山蔬野蘸，可是五蘊七香，比起元脩珍味也未遑多讓呢！有些人家一熬就是若干鍋，北地天寒，當天吃不完的則用缸罐存儲起來，放在不生火的屋子裡，懷冰凍餗，堅硬如石，吃多少再用刀斫多少下來，摻水加溫。因為粥黏而且硬，須用馬勺隨時兜底攪動，否則極易焦枯糊底，甚至於表面冒熱氣，裡面尚有冰碴，所以北平人說熬臘八粥要憑真功夫，熱臘八粥要好耐性，不是身歷其境，是不知個中訣竅的。

當年清宮賞賜臣工臘八粥，也算是一項殊榮特沛呢！番禺梁節庵（鼎芬）在北平去世，所出訃聞把賞黃馬褂、雙眼花翎，穿朝馬、賞臘八粥同樣列為榮典呢！

至於御賜的臘八粥滋味如何呢？雖然說出自御廚所製，應當是上食珍品，可是論滋味，比一般高華門第所熬的臘八粥還有所不如。御賜的臘八粥，向例是由太監率同蘇拉分送各宅邸的，不論男女老幼要各致太監車敬，蘇拉使力一份，所以走紅的太監，專揀人口眾多的地方去送。至於人丁稀薄的人家，才輪到不走紅的太監去走動，有些遺臣舊勳，家道中落，每逢御賜粥饘，那筆車敬、使力，真還要大費周章呢！

筆者來臺灣已經三十多年，雖然也喝了幾次親友所贈的臘八粥，粥料、果料現在在臺灣都無法備辦齊全，尤其紅棗、榛瓤、松子、栗子都不出產，所以臘八粥吃到嘴裡總有今昔不同之感。

元宵細語

剛過農曆新年，一眨眼就是元宵節了，元宵節吃元宵，宋朝時就頗為盛行，不過當時不叫元宵而叫「浮圓子」，後來才改叫元宵的。中國各省大部分都吃元宵，可是名稱做法就互有差異了。北方叫它元宵，南方有些地方叫湯圓，還有叫湯糰、圓子的。南北叫的名稱不同，做的方法也就兩樣。拿北平來說吧，不時不食是北平的老規矩，要到正月初七準備初八順星上供才有元宵賣。至於冬季寒夜朔風刺骨，挑了擔子吆喝賣桂花元宵的，雖然不能說沒有，可是多半在宣南一帶，沾染了南方的習俗，西北城的冬夜是很難得聽見這種市聲的。

北平不像上海、南京、漢口有專賣元宵的店鋪，而且附帶宵夜小吃，北平的元宵都是餑餑鋪、茶湯鋪在鋪子門口臨時設攤，現搖現賣。餡兒分山楂、棗泥、豆沙、黑白芝麻的幾種，先把餡兒做好凍起來，截成大骰子塊兒，把餡兒用大笊籬盛著往水裡一沾，放在盛有糯米粉的大篩子裡搖，等餡兒沾滿糯米粉，倒在笊籬裡蘸水再搖，往復三兩次，不同的元宵餡，點上紅點、梅花、卍字等記號來識別，就算大功告成啦。這種元宵優點是吃到嘴裡筋斗不裂縫，缺點是餡粗粉糙，因為乾粉的緣故，煮出來還有點糊湯。

南方元宵是先擀好了皮兒，放上餡兒然後包起來搓圓，所以北方叫搖元宵，南方叫包元宵，其道理在此。

南方的元宵，不但餡兒精緻滑香，糯米粉也磨得柔滑細潤，而且北方元宵只有甜的一種，南方元宵則甜鹹具備，菜肉齊全。抗戰期間，凡是到過大後方的人，大概都吃過賴湯圓，比北平蘭英齋、敏美齋的手搖元宵，那可高明太多了。

北平的元宵，在宣統未出宮以前，每逢元宵節御膳房做的一種棗泥奶油餡兒元宵，上方玉食，自然加工特製，其味甜醽，奶香蘊存。據說做餡所用的奶油，是西藏活佛或蒙古王公精選貢品，所以香醇味厚，塞上金漿，這種元宵當然是個中雋品。

上海喬家柵的湯圓，也是遠近知名的，他家的甜湯圓細糯甘沁，人人爭誇，姑且不談；他家最妙的是鹹味湯圓，肉餡的選肉精純，肥瘦適當，切剁如糜，絕不膩口。有一種薺菜餡的，更是碧玉溶漿，令人品味回甘，別有一種菜根香風味。另外有一種擂沙圓子，更是只此一家。後來他在辣斐德路開了一處分店，小樓三楹，周瘦鵑、鄭逸梅給它取名「鴛鴦小閣」，不但情侶雙雙趨之若鶩，就是文人墨客也樂意在小樓一角雅敘談心呢！近來也有這類湯圓應市，滋味如何不談，當年花光酒氣、藹然如春的情調，往事如煙，現在已經渺不可得了。

洪憲時期還有一段吃元宵的笑談。袁項城謀士中的閔爾昌，在袁幕府中是以愛吃元宵出名的，時常拿吃元宵的多寡跟同僚們鬥勝賭酒。有一天，閔跟幾位同仁談說前朝吃元宵的故事，正談得眉飛色舞、興高采烈，想不到項城一腳踏進簽押房，聽到連著幾聲「袁消」的聲音，誰知犯了袁皇帝的忌諱，又碰巧日本人處處找他的彆扭，心裡正不愉快，想整整閔爾昌，拿他出氣。幸虧內史楊雲史看出苗頭不對，在他花言巧語三彎兩轉，於是袁下了一道手令，把元宵改叫湯圓。北平人叫慣了元宵，一朝改叫湯圓，覺著不習慣也不順口。前門大街正明齋的少東家，元宵節櫃上買賣忙，幫著櫃臺照應生意，順口說了一句「元宵」，偏偏碰上買元宵的是袁項城手下大紅人雷震春，挨了兩嘴巴不算，另外賠了二百枚元宵。等洪憲駕崩，第二年燈節正明齋門口，一邊掛著一塊斗大紅紙黑字的牌子，寫著「本鋪特製什錦元宵」八個大字，「元宵」兩字寫得特別大，聽說就是那位少東的傑作呢！

北平梨園行丑行有兩位最愛作弄人的朋友，殷斌奎（藝名小奎官）、朱斌仙，他們兩位都是俞振庭所辦斌慶科班同科師兄弟。有一天他們師兄弟正好碰上富連成的許盛奎、全盛福哥倆也在前門大街攤上吃元宵。朱斌仙知道外號「大老黑」的許盛奎能吃量宏，又是草雞大王脾氣，他一冒壞，可就跟師兄說山啦。他說：「人家都說咱們北方人飯量大，其實也不盡然，就拿吃元宵來說吧，人家小王虎辰，雖然是唱武生的，可是細臂膊臘腿的，怎麼樣也看不出他食量驚人。我在鄭福齋親眼看見他一口氣吃了四碗（每碗四枚）黑芝麻元宵，另外還找補兩個山楂餡的，一共是十八隻元宵，讓咱們哥倆吃，也吃不下去呀！」說完還衝「大老黑」一齜牙。在毛世來出科應聘到上海演出時，許盛奎給他當後臺管事，對於小王虎辰，許盛奎並不陌生。這一鬧僵不要緊，一碗跟一碗，一會兒五碗元宵下肚，比王虎辰還多吃兩隻。可是一回家就一會兒跑一次茅房，足足折騰了一夜，第二天園子裡《胭脂虎》裡的龐宣只好告假了，後來是毛世來偷偷告訴了記者吳宗祐，這個故事才傳揚出來。

在光緒末年做過直隸總督，袁項城的親信楊士驤，在四五歲的時候，有一年元宵節，全家團聚一起吃元宵，小孩貪食，積滯不消，由小病轉為大病，後來醫治無效，馴至奄奄一息，只好由奶媽抱到外客廳，等小孩一嚥氣，就抱出去埋了。碰巧這時候有一個送煤的煤黑子從客廳走過，問知原委，他說他可以治治看，死了別惱，好了別笑。奶媽知道小孩已經沒救，姑且死馬當活馬醫，讓他試試看。煤黑子要了一隻生得旺旺的煤球爐子，從懷裡掏出有八寸長的一根大針來，針鼻上還綴著一朵紅絨球，紅顏色幾乎變成黑顏色了。脫下兩隻老棉布鞋，鞋底向火烤熱，把針在鞋底蹭了兩下，就衝小少爺的胸口剟下，告訴奶媽注意，只要瞧見絨球一顫動，馬上告訴他。他說完話，就倒坐在門檻上，吧吧嗒嗒抽起旱煙來。約有一袋煙的工夫，絨球忽然動了一下，過了幾分鐘絨球抖顫不停。他估摸是時候了，於是把小孩扶得半起半坐，在後腦勺子上拍了一巴掌，跟著在胸口上一陣揉搓，小孩哇的一聲哭出一口濃痰，立刻還醒過來，接著大小解齊下，小命從此就撿回來了。這是開府東三省楊士驤幼年吃元宵幾乎送命的一段事實。

楊家是美食世家，楊府也有清末民初烜赫一時的名庖，後來他到玉華台當頭府，據他說，楊府最忌諱人家送元宵，每年元宵節楊家都是吃春捲而不吃元宵的。後來楊毓珣娶了袁皇帝的三公主，夫婦二人都不吃元宵，大概是其來有自的。

北平是元明清三代的國都，一切講求體制，所以也就養成了吃必以時、不時不食的習慣。不到重陽不賣花糕，不到立秋烤涮不上市，所以上元燈節正月十八一落燈，不但正式點心鋪不賣元宵，就是大街上的元宵攤子也寥若晨星啦。一進二月門你想吃元宵，那只好明年見了。雖然北平一過正月就沒有賣元宵的了，可是也有例外。德勝門有座尼姑庵叫三聖庵，庵裡的素齋清新淳爽，是眾所稱道的，尤其是正二月到庵裡進香隨喜，她們都會奉上一盂什錦粢糰款待施主的。名為粢糰，實際就是什錦素餡兒元宵，吃到嘴裡藕香淑郁，茝若椒風，比起一般甜鹹元宵，別有一番滋味。當年八方風雨會中州吳子玉的夫人，就是三聖庵的大施主，只要在正月裡到什錦花園吳玉帥府上拜年，跟玉帥手談兩局，大概三聖庵的什錦元宵就會拿出來饗客了。來到臺灣二三十年，每年元宵節前後，大街小巷，到處都是賣元宵的，足證民豐物阜，想吃什麼有什麼。

吃餃子雜談

從前北方人拿餃子當主食，南方人拿餃子當點心。自從抗戰剿共軍興，前後方民眾來了個大流徙，在飲食習慣方面，於是有了絕大的變化。年輕的一代因為長居川黔雲貴，對於辣椒都有了偏嗜，拿麵食當主餐的人，也漸漸多了起來。現在臺灣無論哪個縣市，大街小巷隨處可見餃子館，足證餃子已經成為社會上最大眾化的食品了。

餃子有蒸煮之分，所以煮的叫水餃，蒸的叫蒸餃。滿洲人管水餃叫煮餑餑，黃河兩岸有的地方叫扁食，最特別是山東菜管煮水餃叫「下包」，外鄉人初履斯土，聽說「下包」時常被弄得莫名其妙。

當年北方鄉間民情淳樸，生活節約，除了逢年過節才吃一頓白麵餃子外，平素多半是吃蕎麥麵、高粱麵、豆麵、帶麩皮的黑麵包餃子的。至於談到餃子餡，有葷有素，葷餡兒除了豬牛羊肉之外，還有雞肉、蝦仁、魚肉、三鮮等；葷餡還有配上大白菜、小白菜、菠菜、韭菜、韭青、韭黃、大蔥、茴香、西葫蘆、冬瓜、南瓜、薺菜、扁豆的，有的人甚至拿蘿蔔纓子、掐菜鬚做餡兒的，雖然屬於廢物利用，卻別具一格，偶或吃一次，倒也另有風味。素餡是白菜、菠菜、粉絲、豆腐、金針、木耳、冬筍等等，要是加入雞蛋、金鉤、韭黃那就成為花素了。另外有用南瓜、雞鴨血、金鉤做餡兒的，亦葷亦素也非常香腴適口。

包餃子，分拌餡、和麵、擀皮、包捏、煮熟五部曲，在北方有句俗語是：「舒服不過倒著，好吃不過餃子。」餃子之人人愛吃，我想不外是餃子餡種類繁夥，變化多端，所以才能讓人多吃不厭。餃子好吃不好吃，端視餡兒拌得好不好來決定。餃子餡分剁、切、擦三種，何者應剁，何者應切，何者用鉋子擦，都有一定之規的，總之鬆膩粗細適中（如用絞肉味道就差了）方屬上乘。調配料如果調配得當，餃子入口，覺得鹹淡恰好。用油多寡更為重要，要能鬆腴柔潤，不結不膩，才算高手。和麵雖然不算什麼難事，可是用水多少也非常重要，麵要和得軟硬適度，那就看揉麵用水多寡得當不得當了。餃子皮分壓跟擀兩種，壓皮快而不圓，擀皮雖圓而慢，自然擀皮的餃子比壓皮來得整齊美觀，不過包捏手藝到家，餃子煮熟，吃起來是不容易分別擀皮壓皮的。

包餃子又叫捏餃子，飯館做的多半跟家庭包法不同，叫「擠」，一擠一個，手法非常之快。北方還有個老媽媽論，三十晚上包餃子，接財神的時候無論男女老幼，都要包上三兩隻，說是包幾隻餃子，可以把小人嘴捏住，可免小人胡說八道，招惹些是是非非出來。財神餃子裡面要包小錢，恐怕餃子捏不牢，破了會漏財，於是財神餃子都捏上花邊，雖然費點事，可是絕不至於餃子裂嘴散餡兒漏財。

煮餃子一鍋不能煮太多，如果餃子在鍋裡翻不過身來，不但不容易煮熟，而且易黏易破。熟餡兒點一次水，就可以煮熟，生餡兒可能要點兩三次水，餡兒才能煮熟，那要看餡的大小、皮的厚薄而定，所以煮餃子也是有門道的呢！

北方人吃餃子講究薄皮大餡才能解饞。筆者認為餡的大小無關宏旨，反而餡子填得太多，失去了皮跟餡中和的滋味，倒是邊窄、皮薄是吃餃子的唯一條件。假如邊寬皮厚，再加上口淡，就難以下嚥了。筆者雖是有名饞人，但是向不挑嘴，有一年在國外有位東北朋友請我吃水餃，每個餃子大有兩寸，皮子厚逾銅板，餡子更是大如肉丁饅頭的肉粒，我當時真想把「好吃不過餃子」這句話改為「最難吃不過餃子」，所以從此增加了幾分戒心，凡是不十分熟識的人請我吃餃子，我總是遜謝不遑的。

北方新郎新娘拜完天地入洞房，首先要由家人包幾隻餃子給新郎新娘吃，這種餃子用一根筷子填餡，餃子包起來非常小巧，煮熟也不過像大蠶豆一般，北方人叫它子孫餑餑，大概是最小的餃子了。

餃子的餡兒，以筆者個人愛好來說，葷餡以冬筍豬肉餡最好吃，冬筍切細粒與肉末同炒做餡，味宜稍淡，筍粒越細方不致把餃子皮戳破，此為冬令餃子中妙品。素餡以菠菜、小白菜各半，攤雞蛋切碎，上好蝦米也切碎，蝦米多用不妨，取其鮮鹹，可少用調味料，有韭菜、紅蘿蔔時分別加入少許提味配色，比一般館店加豆腐粉條、金針、木耳，真所謂食唯韭薤，味清而雋也。

談到最會吃餃子，那就不能不佩服遜清貝勒載濤啦。有一年數九天下大雪，他忽發雅興，到東安市場東來順，要吃羊肉白菜餃子，指明羊肉要用後腿肉，等餃子上桌他嘗了一口，立刻大發雷霆，指著跑堂不照吩咐去做，敢情灶上看見一塊羊里肌又細又嫩，就把那條里肌剁了餡兒了，誰知那位美食專家舌頭真靈，居然吃出不對勁兒來，真可謂神乎其技了。

南方人吃餃子似乎沒有北方人來得講究，可是有一次在上海怡紅酒家吃過一次灌湯水餃，一盂兩隻，現煮上桌，虀膾融漿芬濡不膩，可貴處是五羊麵點一律使用澄粉，而灌湯餃是用純粹麵粉而不用澄粉，又是水煮而不上蒸籠，雖然價格比一般麵點高一倍，實在還是難能可貴的。後來在上海、廣州、香港各地廣東酒樓，就沒看見有這種灌湯餃出售了。

南北筵席道談點心，很少有用水餃的，偶或用雞湯煮小水餃，餃子皮大多厚而且硬，不能適口。倒是酒席上的蒸餃（北方叫燙麵餃）南勝於北，吃過幾回頗為不俗的蒸餃。在上海老伴齋吃過一次翡翠蒸餃，據說是揚州富春茶社主人陳步雲的傳授，而加以改良的。他把小青菜剁碎成泥，和糖為餡，碧玉溶漿，其甘如飴。漢口大吉春有一種豌豆泥蒸餃，他家本來是不輕易做來奉客，那位白案子師傅，來自安徽宣城舊家，是老闆的親家，碰他酒後興足才一展身手，筆者倒是碰巧躬逢其盛，膏潤芳鮮，確屬妙饌。現在武漢舊友有時餐敘，談到漢口大吉春的豌豆泥蒸餃，還不禁饞涎欲滴呢！北平北城有個推車賣燙麵餃的，他有一種三鮮餡兒，珍潔精芳，特別鮮美，可惜要嘗珍味，必須依車進食，方能盡情恣享。

去歲年尾大掃除，偶檢舊篋發現了舊藏廣東省造三分六厘小銀角子十餘枚，係當年在大陸吃財神餃子，包餃子所用小銀錢，兒孫輩對於吃包有小銀錢的財神餃子極有興趣，於是把十幾枚小錢，全部包在餃子裡，吃出多寡雖然不同，可是人人有份兒，皆大歡喜，於是把所知包餃子的一鱗半爪寫出來。我想，要吃餃子而自己不太會做的朋友，能按上面所說五部曲琢磨一下來做，必定可以有一餐適口充腸的餃子吃了。

飄在餐桌上的花香

中國人不但味覺高，而且也是一個能吃、愛吃又會吃的民族。無論是天上飛的、山上跑的、水裡游的、草裡蹦的都可以入饌。除了這些山珍海味外，甚至有些花卉經過廚師妙手，照樣可以上桌。

先祖慈在世時，每年壽誕必請同和堂飯莊來家會菜。舍下前庭有一株古榆樹，同和堂庖人劉四，人非常的風趣，有一年，他忽然豪興大發，採了些碧綠小榆錢（榆樹的果實像錢，所以叫做「榆錢」）揉到已發酵的濕麵粉裡，加添脂油丁、松子、冰糖揉勻擀勻切片，一層層的疊起來，撒上紅絲，上鍋蒸熟，再切成菱形。論顏色是柔紅映碧，入口之後，味清而雋，不黏而鬆，比起南方的鬆糕，更來得可口。可惜這家飯莊不久歇業，劉四也不知去了何處。雖然家人如法炮製，但不是太油，就是太乾，前幾天跟幾位吃過劉四做的榆錢糕的老朋友談起來，大家口水都要流下來了。

夏天時的丁香藤蘿，引得狂蜂醉蝶迴舞，餑餑鋪門口貼起「新添鮮藤蘿餅上市」的紅紙條。餑餑鋪藤蘿餅的做法跟翻毛月餅差不多，不過是把棗泥豆沙換成藤蘿花，吃的時候帶點淡淡的花香。因為藤蘿花在北平不是普通的花卉，得來不易，所以特別珍惜，不肯大量使用。

我住在北平粉子胡同東跨院，小屋三楹，東西各有一株壽逾百齡的老藤，虯蟠糾錯，用巨型的豎架支撐之下，藤各依附刻峭崔嵬的太湖石上，靈秀會結。據說丁香紫藤，樹齡愈老的愈早開花，所以別的地方花未含苞，而這兩株老藤，早已花開滿枝了。藤蘿架下設有石桌石凳，據說當年盛伯希祭酒最喜歡於花開時節在花下跟人鬥棋賭酒，更給這小屋取名「雙藤老屋」。而舍下所做藤蘿餅，經過名家品嘗，一致讚好，也就成了一時名點。

藤蘿花要在似開未開時，摘去蕊絡，僅留花瓣，用水洗淨，中筋麵粉發好擀成圓形薄片，抹一層花生油，把小脂油丁、白糖、松子、花瓣拌勻，鋪一層藤蘿花餡，加一層麵皮疊起來蒸。蒸熟切塊來吃，花有柔香，襲人欲醉。可惜來臺灣二三十年，始終沒有看過紫玉垂垂整串的藤蘿花。

北平西郊三貝子花園，是樂善園舊址，園裡的邕春堂四周疊石成山，環植槐、柳、桃、杏。當前有一座花圃，用石欄環繞，種滿了玉簪花，葉綠如油，花潔勝雪。

豳風堂酒館主人鄭曼雲，在前外第一樓經營玉樓春，生意發達。有一年春末夏初，我有幾位上海朋友到北平觀光，想看看當年慈禧太后臨時夏宮，在豳風堂品茗休息，碰巧遇到鄭曼雲，堅留晚飯，並且說今天有分株摘下來的玉簪花，打算炸點玉簪花給我們下酒，也讓南方朋友嘗嘗北平的稀罕物兒。敢情邕春堂前的玉簪花是當年載濤貝勒從山東菏澤移植過來的名種，栽植堂前供老佛爺聞香觀賞的。這種花每過兩年分株一次，碰巧分株摘下了不少玉簪花棒，所以一定留我們嘗嘗鮮。

他把玉簪花剖開洗淨去蕊，麵粉稀釋攪入去皮碎核桃仁，玉簪花在麵漿裡一蘸，放進油鍋裡炸成金黃色，另外把豆腐渣用大火滾油翻炒，呈鬆狀加入火腿屑起鍋，跟炸好的玉簪花同吃。這道菜不能加鹽，完全利用火腿屑的鮮鹹，才能襯托出玉簪花新芽的香柔味永。自從品嘗過這次珍味之後，看到河北、江南甚至珠江流域都培植有玉簪花，可是僅僅在雕欄籬落的花叢裡任憑散逸清香，卻不忍心摘花掐蕊……。

北平西直門外溫泉村暘台山有一座寺院叫大覺寺，據說是遼金時代一座古剎，原本是一座小廟叫靈泉，明朝宣德皇帝愛它山勢盤環，水流縈迴，是個禮佛聖境，於是重加修葺，賜額「大覺寺」，並頒《大藏經》一部，永充供養。到了乾隆時代，又在後山建造一座舍利塔，後面就是西郊著名的龍潭，高寒湧翠，清可鑒人。殿左有一白果樹，一望而知是幾百年前的遺物。南院靜室階前有兩株玉蘭花樹，擢穎挺秀，蔭覆全院，初夏花榮燦爛奪目，比起無錫的香雪海更加出奇茂勃。住持一心是一位能詩、能畫、善弈，又有海量的有趣人物，每年四月金頂妙峰山廟會之前，總要把平、津兩地知名之士，請到大覺寺來欣賞盛開的玉蘭，並在花前吟詩、作畫、拍照留念，一心還親自入廚動手炸玉蘭花。名饌上桌，一大盤鵝黃裹玉，微泛柔香，又酥又脆，讓大家一快朵頤。北洋政府安福系要人李贊侯（思浩）跟一心是好朋友，每年寺裡都把玉蘭花晒乾收藏，送給李總長。當年李贊侯在安福俱樂部春卮雅敘，酥炸玉蘭花片，還是一道名菜呢！

宋明軒主持冀察政務委員會時期，日本人雖然時時刻刻找碴兒挑釁，但是飯館的生意卻頗興隆。東興樓含有「旭日東昇」好口彩，所以日本人對於東興樓頗有好感，請客十之八九是在東興樓。冀察政委會以及所屬各機關，因為泰豐樓有樂陵人的股份，宋明軒為了照顧小同鄉，總是光顧泰豐樓。東興樓有個外號叫「二掌座」

的廚師劉喜兒，原本是李蓮英家廚房裡的小幫手，清廷遜位後，李蓮英退休出宮，家裡用不了那許多下人，於是把喜兒介紹到東興樓來了。李蓮英是東興樓的大股東，礙於情面，只好把他安置到灶上去。偏偏這位喜兒又好自吹自擂，好像他是御膳房出身似的，大家看在眼裡，誰也不願意跟他計較，給他起了個外號叫他二掌座的，也不過諷刺他像個二掌櫃的而已。有一天日本一位名人在東興樓宴客，他做了一道清湯汆竹蓀加鮮茉莉花，那位名人品嘗之後讚不絕口，並且大事渲染一番，想不到劉喜兒就此變成名廚，大紅大紫起來。聲望一高，架子也端起來了，天天吵著漲工錢，後來主事的實在不勝其煩把他辭退，於是他轉到泰豐樓來，碰巧宋委員長吃了他的茉莉竹蓀湯，也是讚賞有加，這道菜變成當時的一道名菜，平津兩地的山東館、酒席上再也少不了這道湯菜。記得政委會的軍需處長劉金鏞在長椿寺給他去世的老娘做百齡冥壽時，筵開一百多桌，湯菜就用茉莉竹蓀，因為桌數太多出菜快慢不一，茉莉花被熱氣熏得過火，味道大失，從此席面上也很少見到這一道湯菜啦。

臺灣一入冬季，天雖然不冷，可是各式各樣的火鍋就陸續應市了。除了全國盛行的什錦火鍋以外，北平的羊肉涮鍋、東北的白肉血腸火鍋、江浙的糟味火鍋、四川的毛肚火鍋、潮汕的沙茶火鍋，甚至於韓國的石頭火鍋、日本的壽喜燒火鍋，應有盡有，獨獨想吃一樣道地的菊花火鍋，可就不太容易了。北平的山東館一到重陽，都準備菊花鍋應市，據說前清有位河督駐節濟寧督工，在一位鄉紳家看到幾盆所謂「銀盤落月」名種菊花，玉髓絕塵，在那裡呈芳吐豔。這位河督大人忽發奇想，如果把菊花入饌，一定別具風味。主人立刻遣人摘了幾朵正在怒放的白菊花，交給廚下去蕊留瓣，做了一隻菊花鍋上桌，大家品味之下，果然清逸飄香。座上有位老夫子，頗諳藥性，他說秋菊只有白色者平肝舒鬱，而那些嫣紅姹紫的只適合觀賞，尤其花蕊、花粉令人作咋，更應忌避。所以後來菊花鍋只用白菊，其他雜色菊花，全都摘而不用。

北平各飯館的菊花鍋，以報子街同和堂最有名，據說這家的主廚，曾當過官差，櫃上每年都準備白菊花，以供採擷。同時菊花鍋的清湯，一定要吊得清醇澄郁，並且禁用豬肝、蝦仁一類配料，以免把湯弄濁。魚片、腰片、魷魚、山雞等都是切得薄而如紙，一燙就熟，才能鮮嫩可口，同和堂的灶上頗知個中三昧，所以冠絕一時。

抗戰之前有一年春天，知友李竺孫治事之餘，忽然遊興大發，約了我同另外兩位友好，從上海到無錫的黿頭渚。逛完蠡園大家都有點餓了，園外有一家小茶館，可惜只供茗飲，不賣小吃。友人周滌垠少年好弄，聞得灶上氤氳環繞，不時吹來一股形容不來的馨香，後來打聽出蒸籠裡是玫瑰香蒸餃，是他們家人吃的下午點心。我曾經吃過北平餑餑鋪的酥皮玫瑰餅，雖有花香，但嫌甜膩。經周兄情商請他轉讓一籠，主人家看我們都是上海來客，居然慨贈一籠。餃子大不逾寸，澄粉晶瑩，隱透軟紅，沁人心魂。原來他們把隔年乾紫的玫瑰花瓣跟核桃碎末、蜂蜜拌勻，做成餡兒包的，比之鮮玫瑰花的，更顯得文靜浥潤高出一籌。同時頗為奇怪，村野農家，何以會做這些精細甜點自己享用，敢情茶館主人的慈親系出名門，這些甜點是他們用來娛親奉母的。我們打算厚給茶資，他們又不肯收，滌垠兄腕上常著四川名產嵌金烏風藤手鐲，算是送給老人家活筋養血之用的，他們才欣然笑納。後來雖然吃過不少玫瑰餡兒的甜食，比起這次吃的玫瑰香的蒸餃，總覺遜色多了。

近年來有人把金盞花、康乃馨、鬱金香的花瓣切成碎片，放在飲料或點心裡，倒也色鮮味美。不久前在朋友家小酌，他們把紫羅蘭花片抹在有乳酪的沙拉上，暗香送馥，不但別具一格，更有誘人食慾的魅力呢！

揚州名點蜂糖糕

最近揚州菜在臺北好像很走紅，以淮揚菜肴為號召的飯館、揚州餐點的小吃店，接二連三開了不少家出來。可是走遍了臺北市，那些家飯館或是小吃店，都沒有蜂糖糕供應（在揚州也是茶食店才有蜂糖糕賣）。

揚州的麵點雖然有名，可是十之八九，都是從別的省分傳過來的，例如揚州干絲，是全國聞名，可是做干絲的豆腐干，講究用徽干。顧名思義，徽干的製法，是從安徽傳過來的。千層油糕、翡翠燒賣，就是光緒末年，有個叫高乃超的福州人，來到揚州教場開了一個可可居，以賣千層油糕、翡翠燒賣馳名遠近，後來茶館酒肆紛紛仿效，久而久之，反倒成為揚州點心了。

談到蜂糖糕，來源甚古，倒確乎是揚州點心。傳說蜂糖糕原名「蜜糕」，唐昭宗時，吳王楊行密為淮南節度使，他對蜜糕有特嗜，後封吳王，待人寬厚儼雅，深得民心。淮南江東民眾，感恩戴德，為了避他名諱，因為糕醱如蜂窩，所以改叫蜂糖糕。後來有人寫成豐糖糕，那就講不通了。蜂糖糕不像廣東馬拉糕鬆軟到入口無物的感覺，更不像奶油蛋糕腴而厚膩的滯喉。蜂糖糕分葷、素兩種，葷者加入杏仁、大小豬油丁，鵝黃凝脂，清美湛香，比起千層糕來，甘旨柔涓，又自不同。

民國二十一年，筆者到揚州參加淮南食鹽岸商同業會，會後中南銀行行長胡筆江兄，叫人到轅門橋的麒麟閣買幾塊蜂糖糕，準備帶回上海送人，我也打算買幾塊帶回北平，讓親友們嘗嘗揚州名點蜂糖糕是什麼滋味。謙益永鹽號經理許少浦說：「蜂糖糕以左衛街五雲齋做的最好，後來東夥鬧意見收歇，麒麟閣的蜂糖糕才獨步當時，他們的師傅都是鹽號裡帥廚子的徒弟教出來的，帥廚現在雖然上了年紀，回家養老，可是您要是讓他做幾塊蜂糖糕，老東家的事，他一定樂於效力一獻身手的（帥廚子是先祖當年服官蘇北所用廚師）。」

果然在我會後回北平的時候，帥廚真做了幾大塊蜂糖糕送來，我因攜帶不便，送了兩塊給陳含光姻丈嘗嘗。含老精於飲饌，他說當年轅門橋的「柱陞」、多子街的「大同」所做蜂糖糕，都比麒麟閣高明，可惜貨高價昂，兩家相繼收歇，前若干年就聽說帥師傅的蜂糖糕獨步揚州，可惜未能一嘗，引為憾事，想不到若干年後，竟然能夠吃到。元脩遺緒夙願得償，果然風味敻絕，與時下市上賣的蜂糖糕味道不同，高興之下，立刻寫了一幅篆聯相贈。若不是蜂糖糕之功，想得此老墨寶，三五個月也不一定能到手呢！

抗戰之前，有一個秋天，我在揚州富春花局吃茶。花局主人陳步雲對於茶葉調配頗有研究，富春的茶就是他用幾種茶葉配合，能泡到四遍不變色沖淡。我正在向他請益，忽然來了一雙時髦茶客，是李英陪著顧蘭君趁到焦山拍電影出外景之便，慕名過江到富春吃揚州點心。李英跟陳步雲也是熟識，顧蘭君一坐下就說要吃蜂糖糕，可是蜂糖糕揚州的茶食店才有售，茶館店賣點心，從來不賣蜂糖糕的。陳步雲知道帥廚子的蜂糖糕最拿手，也只有我才煩得動他，於是陳、李二人一陣耳語，少不得由帥廚子多做了兩塊，給他們帶回上海去解饞，這話一提來，已經是四十多年的往事了。來到臺灣，雖有幾家蘇北親友會做蜂糖糕，可是入嘴之後，總覺得甜潤不足，是否大家講求健康，糖油減量所致，就不得而知了。

抗戰時期，征人遠戍，有一天心血來潮，忽然想起北平東四牌樓點心鋪賣的玉麵蜂糕，鬆軟柔滑，核桃剝皮未淨，甘中帶澀的滋味，非常好吃。等到勝利收京，復員北平，那家點心鋪早已收歇，別家的玉麵蜂糕吃起來似是而非、遠非昔比。但願將來有機會回大陸，別說像北平的蜂糕，能吃到像揚州轅門橋麒麟閣那樣的蜂糖糕，也就心滿意足啦。

一桌標準江蘇菜

梁均默先生生前說過：「黨國元老中美食專家有兩位，一位是譚組安先生，一位是陳果夫先生。譚知味而不知養，陳則味養兼知，允推個中高手。」梁老這兩句話，可以說是知味之言。

前幾天跟梁實秋教授聊天，他希望我把各省各縣的名菜，分門別類，擷精取華，製定出有代表性的中國菜譜來，這跟當年陳果夫先生主持江蘇省時一套理想完全吻合。歷來流行的菜肴，分山東菜、廣東菜、江蘇菜、湖南菜、四川菜等，菜式固然沒有一定標準，也不能代表某一省菜的精華，尤其江蘇省的江南、蘇北一江之隔，不但口味各異，就是濃淡甜鹹割烹方法，也迥不相同。所以果夫先生主張先從江蘇省下手，他計畫把江蘇省轄各縣有名的拿手菜彙集起來定為「縣菜」，由縣菜妙饌佳肴中選出省菜，再由省菜中評選出各省精英，製定「國菜」，春夏秋冬四式，一經訂定它就代表中華民國最高烹飪藝術。舉凡榮典國慶，邀宴外國元首選擇依時依式的國菜，安排國宴，一方面表示款接崇隆，一方面也讓友邦貴賓品嘗舉世無疇的玉食珍饈是什麼滋味，免得把咖哩牛腩、火燒冰淇淋也列入國宴菜單，讓人竊笑我們的國宴，是中西合璧國際大拼盤。

陳果夫主政江蘇時期，曾舉辦過一次江蘇全省物產展覽會，指定江蘇省建設廳主持其事，鎮江商會會長陸小波、中南銀行胡筆江行長都是籌備委員。那一次物產會規模龐大，事情是千頭萬緒，陸、胡二位都是商場上的大忙人，知道筆者是個饞人，所以有關遴選甄擇江蘇菜，屬於他們兩位應行負責的部分，一定邀我給他們分分勞，所以我不但躬逢其盛，而且飽飫芳鮮，遍嘗美味。當時評選江蘇菜曾製定三項原則：第一「是江蘇省內各縣眾所咸知的名菜」；第二「必須江蘇出產的原料，純粹江蘇的做法」；第三「要充分表現出江蘇獨特的風味格調」。最後經過一個多月的調配遴選，終於在物產展覽大會開幕的那一天，在省府餐廳開出一桌大家精選的標準江蘇菜來。

當時會場的家具陳設、花樹盆景，以及茗碗樽甌都是請教過江蘇耆宿名流，如江堰韓紫石、蘇州張一麐各位前輩加以指點安排的，所以筵宴景色都能嗅得噠噠喈喈江蘇鄉土風味來。待客是採用碧螺春、雀舌、水仙、貢茶四種，都是太湖一帶名產香茗。尤其陽荻（宜興）貢茶，早在唐宋時期就列為貢品，若不是參與這次盛會，真不知道宜興茶山還出產如此芳香甘冽的好茶呢！此外，茅山的茅麗茶、牛首山的雲霧茶、無錫的惠泉茶，平日都被山上的僧道視為珍品，等閒是難得一嘗的。

泡茶講究火候和器具，但是最主要的還是水。唐人張又新把中國境內適於泡茶的水排列名次，江蘇省境無錫惠山寺石泉水（第二），蘇州虎丘寺石中泉（第五），揚子江焦山腳下江心泉（第七），都是上榜的名泉，可惜當時只顧飽飫茶香，忘了問問主管茶事的人，那席盛饌泡茶用的是第幾泉了。

江蘇佳釀有宿遷大麯（俗稱「洋河高粱」）、海門的紅葡萄酒、金壇的黃金酒、南翔的鬱金香、川沙的綠豆燒、里下河的淨流泡子酒、孝陵衛產的一種甜酒叫衛甜，五蘊七香，倒也稱得上濃淡悉備。

至於菜式方面如六合鯽魚嵌肉、南通清湯魚翅、上海圈子禿肺、如皋火腿冬瓜盅、揚州獅子頭、煮干絲、什錦醬菜、鎮江清蒸鰣魚、肴肉，南京冬筍炒菊花腦兒、小肚板鴨，楓涇紅燜蹄筋、無錫富貴雞、肉骨頭、蘇州醬肉燻魚、熗活蝦、常熟醬雞、醬排骨、崑山陽澄湖大蟹、太倉酥炒肉鬆、江陰鳳凰包雞、淮城紅燒大烏參、泰縣脆鱔、燒鮰魚、高郵雙黃鹹蛋，不下三十多種盛食珍味，就是每種淺嘗輒止，也無法一一遍嘗。最後壓桌菜是陳果老研究出的「天下第一菜」。

果老平素主張上味妙饌，除了補益身體外，還要備具色香味聲四個條件，他這道天下第一菜，先把雞湯煮成濃汁，蝦仁番茄爆火略炒，加入雞汁輕芡，油炸鍋巴一盤，趁熱澆上勾過芡的雞汁番茄蝦仁，油潤吐剛，聲爆輕雷，列鼎而食，色、香、味、聲，四者悉備，既中看又中吃。據果老闡述：「雞是有朝氣的家禽，蝦是能屈能伸的水族，原料雞、蝦、番茄、鍋巴四樣，動物兩樣，植物兩樣，植物中一紅一黃，動物中一水一陸，都是對稱的，同時這道菜既富營養，價又不昂，的確稱得起天下第一菜。」後來抗戰軍興，政府內遷，有人把這道菜叫成「一聲雷」，由雷聲演變成轟炸東京、轟炸莫科斯，想不到這道天下第一菜，後來還變成菜之時者呢！

江蘇省的菜肴，固然是水陸珍異、佳肴萬千，以甜鹹麵點來說，更是甜酥鬆脆、珍錯雜陳，例如淮城湯包、常州菜餅、揚州蜂糖糕、蘇州棗泥餅，青精玉乳沒法一一列舉，當時有人提議把江蘇出名的點心也選出十種二十種來，列為上味珍品。可是當時人手不足，時限又極匆迫，只好暫時作罷，留待將來評選。這一桌盛筵開處，每道菜都經過若干美食者品評，所以眾口難同，說者各異。那一桌盛饌，遺珠漏失自所難免，或尚不足代表江蘇省菜，可是現在想起來，倒覺五蘊七香其味醰醰，令人不勝嚮往呢！

檳榔、砂仁、豆蔻

記得先祖母餐廳裡有個半圓形琴桌，上面擺滿了各種奇形怪狀的大小葫蘆，中間有一個小朱漆盤，裡面放有珐瑯棵盒、冰紋瓷甌、竹根篕簠、小樽小罐，全部細巧好玩。

每天中晚飯後，慣例總是由我把這朱漆盤捧到祖母面前，由她老人家揀取一兩種嚼用。其中檳榔種類很多，有「糊檳榔」焦而且脆，一咬就碎；「鹽水檳榔」上面有一層鹽霜，澀裡帶鹹；「棗兒檳榔」棕潤殷紅，因為用冰糖蒸過，其甘如飴，所以必須放在小瓷罐裡；「檳榔麵兒」把檳榔研成極細粉末，也要放在帶蓋的瓷樽裡，以免受潮之後，結成粉塊就沒法子吃了。

北平賣檳榔的店鋪叫「煙兒鋪」，除了賣檳榔之外，還賣潮煙、旱煙、錠子、關東葉子、蘭花仔兒、高雜拌兒、水旱煙類。北平最有名的煙兒鋪是南裕豐、北裕豐。南裕豐開在前門外大柵欄把著門框兒胡同南口，掌櫃魯名源，他還兼著南北兩櫃總採買，每隔一兩年他總要往廣東、海南島，甚至於臺灣跑一趟，他說：「檳榔功能提神、止渴、消食、化水、明目、止痢、止瀉、防腳氣、消水腫，尤其驅蟲效力無殊西醫除蟲聖藥『山道年』。不過嶺南有人喜歡把鮮檳榔、牡蠣灰、荖花、甘草、石灰、柑仔蜜，合在一起咀嚼，論味則甘辛苦澀香兼而有之。可是石灰入口，口腔容易灼傷，引起食道肝胃各病，尤其鮮紅檳榔汁，染成血盆大口，既不衛生，又礙觀瞻。所以煙兒鋪只賣乾檳榔，偶或從南方帶點鮮檳榔仔回來，也只是給大家瞧瞧，鮮檳榔在直魯豫幾省是絕對不准販賣的。」

煙兒鋪櫃臺上都放有一把半月形小鍘刀，顧客來買檳榔要對開、四開、六開，他們都代客切碎，至於糊檳榔、鹽水檳榔製好之後，就早切好，用戥子秤好，一包一包的出售啦。檳榔麵兒則要現買現磨，分粗中細三種，免得磨久了擱著一受潮，就不鬆散了。棗兒檳榔價錢比一般檳榔要貴一倍，聽說只有雷州半島才有出產。本身柔韌帶甜，用蜂蜜蒸過，更是越嚼越香，當年王漁洋給程給事詩，有「端坐轎中吃檳榔」一句，據說王對棗兒檳榔有特嗜，整天棗兒檳榔不離口，足證早年士大夫階級也是愛嚼檳榔的。小孩兒多半愛吃西瓜喝汽水，西瓜吃多了，汽水喝過了之後，一蹦一跳，水分在肚子裡亂晃蕩，實在不好受，假如家裡有檳榔麵兒，倒兩勺兒在嘴裡鹹而微澀，要屏著氣嚼兩下，否則嗆人，一會兒就食水全消了。

砂仁、豆蔻，煙兒鋪可不賣，要吃砂仁、豆蔻得去中藥鋪買。砂仁產於嶺南，外褐內白，辛香爽口，飯後嚼幾粒砂仁，確有去油化膩的功效。在北平盒子鋪所賣香腸，灌製時要加上少許砂仁。砂仁出在嶺南，而廣東香腸又是全國知名的，可是走遍廣府東江，凡是擅製香腸的鄉鎮，沒有一家是加砂仁的。有一次我跟北平寶華齋曹掌櫃聊天，他年輕的時候，南七北五到過的省分可不少。他說廣東香腸要買回來自己蒸熟了，當下飯菜吃，北平醬肘子鋪的砂仁香腸是下酒就飯吃的熟菜，買回家不用再蒸就可涼吃，加上點砂仁可以去腥。他說的雖然不無理由，可是是否真的如此，就不得而知了。

依我個人口味，我是比較喜歡豆蔻的。豆蔻分草豆蔻、白豆蔻、肉豆蔻三種。草豆蔻、白豆蔻都出在廣東，草豆蔻皮薄膜厚，以用為藥材者居多。白豆蔻果實圓大而黃，籽粒均勻，辛香味濃，既可入藥又可食用，所以價格較高。肉豆蔻以新加坡、蘇門答臘生產的最好，香氣強烈，除入藥外，高級的可作香料。同學江晴恩有一年從新加坡考察市政回來，送了我一束塑膠花，嫩葉捲舒，穗頭柔紅，花如芙蓉，葉漸展花漸出由淺而深，狀極可人。他說這種花，新加坡叫她含胎花，杜牧詩所謂「娉娉裊裊十三餘，豆蔻梢頭二月初。」我才知道這就是人所絕稱的豆蔻花。

先祖母小瓷罐裡的白豆蔻都是實大粒壯的上品，我在讀書時期，每逢隆冬匆匆吃完早餐入學，總要拿一兩粒納入袖裡，在課堂上慢慢咀嚼，後來久吃成癮，不吃總覺得胸口油膩膩，直到考進大學住校，才把飯後吃豆蔻的習慣戒掉。

自從來到臺灣，幹似圓柱、獨挺筆立、高聳入雲的棕櫚科樹木，到處皆是，可是何者為棕，何者是椰，還有哪種是檳榔樹，簡直分不清楚。至於賣檳榔的攤子，越往南越多，吃檳榔的人，滿嘴鮮紅的檳榔汁，唇搖齒轉，隨地吐啐，殷紅一片。二三十年前，雖然大家還不知道，檳榔吃多了，可能由口腔潰瘍，能夠引起肝胃病、肝硬化、食道癌種種症狀，可是到處口吐鮮紅似血的餘唾，也就足夠令人噁心的了。

有一年冬天到臺中去開會，與會人員大半都住合作旅舍。旅舍門前有一個檳榔攤子，據說她家雙冬檳榔聞名臺中，不但檳榔選得精，而且荖花、甘草、石灰、牡蠣灰調配得更是恰到好處，甘辛苦澀甜，五蘊七香，入口之後令人酣曼怡然，醺醺似醉。同去的公賣局長陳冠靈先生，他是河北東光縣人，在大陸時吃慣了檳榔、豆蔻一類消食開胃的東西，聽說此地有好檳榔可吃，不管三七二十一就拿了一粒，放在嘴裡大嚼起來，誰知不到一刻鐘，忽然臉紅目赤恍如中酒，繼之畏寒欲嘔，我們一看情形不妙，立刻請了一位西醫王文霖來，在針藥兼施之下，人才穩定下來。據王醫生說：「石灰是強鹼性物質，含嚼時容易破壞口腔黏膜組織，最近臺灣醫學會統計結果，好吃檳榔的人患口腔癌比率達百分之六十五以上，能不吃最好不吃。」

從王醫生這番解說，我對臺灣的鮮檳榔懷有戒心，連碰都不敢碰了。至於當年在大陸吃的各種乾檳榔是否會跟鮮檳榔同樣，引起可怕的癌症誕生，當時匆匆忙忙未及詢問，我想檳榔本身既有消食化水明目止渴種種益處，不加上石灰、牡蠣灰一類東西，為患應該不如此厲害的。

前清晚輩謁見長輩，依貴族的禮儀是遞如意，一般旗族是遞活計，「活計」在當年很流行，如今已成為古董，四十歲以下的人，不但沒有見過，甚至於沒聽說過。一匣活計多者十樣，少者六樣，內分大小荷包（大荷包裝銀錠錁子，小荷包裝檳榔、豆蔻）、扇絡、箸套、刀套、懷鏡套、眼鏡盒、煙荷包等等，質料分綾羅綢緞，做法有縪絲、平金、織錦、繪繡、纂繡、栽絨種種。如果出自璇閨妙手，則神針巧黹，比起香粉鋪出售的精選上品還要名貴得多呢！

魏伯聰先生主持臺灣省政的時候，有一次在臺北賓館招待外賓，有位法國籍的貴婦，是魏夫人鄭毓秀博士留法時同學至好。那位貴婦的夫婿在北洋時代，曾任法國駐華武官多年，在北平住久了，也染上了吃棗兒檳榔的嗜好，每天中晚飯後，總要吃上一兩粒，才覺得胃納舒暢，所以每年都要託人到蘇門答臘買個十磅八磅棗兒檳榔，用紅酒泡上一兩個月，然後晒乾收藏起來，隨時取用。她知道敬檳榔是中國的禮儀，筵席散後，她自己取用，當然要先敬魏夫人。哪知魏夫人正患牙疼，其時我正坐在旁邊，於是魏夫人特別介紹我喜愛嚼檳榔，且對吃檳榔頗有研究，那位貴婦遇到同好，大喜之下，敬了我幾塊她特製的檳榔，烏梅女麴，隱含酒香，與蜜漬蒸釀者又自不同，可惜那種味澀微甘的珍食，又睽違二十餘載了。

三十六年秋冬之交，跟游彌堅兄在臺中晚餐之後閒著無聊，逛逛臺中的古玩鋪，罍卣尊彝大件頭的東西他是毫無興趣，累璧重珠更是不屑一顧，他專門搜尋一些不起眼兒的冷門貨，瘿瘤蟠木，離奇輪囷。大概師古齋的嚴老闆知道我們游市長的癖好，就從內櫃拿出一對緙絲的荷包來請他鑑賞，拴荷包的絲繩上還掛著一個黃紙簽兒，上面寫著「賞毓朗」三個小字。嚴老闆說，這對荷包是前清一位宗室從大陸來臺灣跟他住街坊讓給他的。據說這種小尺寸的荷包，都是裝檳榔、豆蔻用的，他因為緙絲的荷包很少見，就把它留下了。游問我毓朗是何許人？我告訴他毓朗是一位貝子，清末五大臣出洋就有毓朗，回國後幫助載濤訓練新軍，是載濤的得力助手，這對荷包如果是賞給毓朗的，當係上方珍賞，出自內廷。游也愛這對荷包色澤奧古彩錯嵌金，就以極少代價買下來了。

最近臺南民俗文物展覽，會場裡也有一對繡著一只富貴大紅荷包展出，繡工質料就顯得庸脂俗粉，是串百家門的禮貨，跟游兄收藏的那對簡直無法比並了。

五毒餅

中國人為了紀念戰國時代三閭大夫屈靈均五月五日縱身汨羅江而死，全國各地無論南北，都用粽葉裹了角黍（俗稱粽子）。端午節吃粽子，這個習俗由來已久，唯獨北平除了包粽子外，還要吃五毒餅，這是過五月節北平獨有的小吃，其他省分恐怕都沒有呢！

北平幾家老字號如正明、毓美、蘭英等餑餑鋪，一到五月初一，門口就貼上「本號新添五毒餅」的紅紙告條了。五毒餅大小有如核桃酥，餡兒不過是松子、核桃、棗泥、豆沙一類材料，用棗木模子磕出來，上吊爐烤熟，出爐後提漿上彩，表面上再抹一層油糖，點心上凸凹的花紋，可就特別顯眼了。

傳說在元朝末年，江西貴谿縣龍虎山某一代張天師的裔孫，在尚未繼承道統之前，下山遨遊，來到京師，正趕上久旱不雨癘疫橫行，他不幸感染時疫，突然暈倒在一家餑餑鋪的門前。那家餑餑鋪掌櫃的，是位宅心仁厚的長者，一看是一個氣宇不凡的少年倒臥在門首，馬上叫夥計們把他抬到櫃房，自己親自動手給他刮痧，然後針灸兼施，居然把這年輕人的性命給救過來，知他隻身來京，此地別無親友，於是在後櫃搭了一張鋪，延醫調治。將養了好一陣子，一直到他病癒方才道謝告辭離去，始終沒有露出自己的真實身分來。餑餑鋪的掌櫃的，只覺得他蘊藉儼雅，必定是頗有來頭的南方富家子弟，可也想不到他是張天師嫡系裔孫。

過了不幾年，他沿襲道統，正位天師，忽然想起當年臥病道旁，餑餑鋪掌櫃的救命之恩，於是用硃筆劃了一道靈符，加蓋龍虎山乾坤太乙真人金印，派人專程晉京，送給那位餑餑鋪掌櫃的，留為驅邪避疫之用。那家餑餑鋪收到張天師所贈親筆靈符，視同瑰寶，立刻貼在後櫃作房上樑。

當時餑餑鋪都雇有專門雕刻點心模子的工匠，有一位心靈手巧的工匠，整天眼望貼在樑上的靈符，夭矯蟠屈，硃厚色鮮，久而久之，心領神會，無意之中就爬抉剔刮，照靈符的筆順，刻了一方模子出來。被掌櫃的無意中發現，覺得新穎別致，於是用棗泥做餡，刻了幾十隻烤了一爐棗泥餅，準備不好賣，留給櫃上同仁自己吃。誰知這批點心一出爐，不論放在什麼地方，用不著加紗罩，絕無蒼蠅蚊子來滋擾。那位掌櫃的是個有心人，把這批點心取名「五毒餅」，在端午節發售一天。大家聽說五毒餅不招蒼蠅，又能驅邪避疫，餅一出爐，總是一搶而光。

北平各家餑餑鋪一看這種情形，爭相仿效，家家也都大發利市，不過他們五毒餅的模子，因無張天師的靈符可拓，既名五毒餅，就把蠍子、壁虎、蛤蟆、蛇虺、蜂蜮五毒刻在模子上，成了名副其實的五毒餅了。木頭模子用久了，自然紋路模糊不清，有一家餑餑鋪特地請了一位擅畫花鳥蟲魚的江南畫家，畫了一幅虺蜮潛蹤圖，工細傳神，栩栩如生，於是讓巧匠依樣葫蘆，刻了一副木頭模子。那位江南老畫師，是江蘇武進人，南方有蜈蚣（**俗名百腳，北方極少蜈蚣，有一種叫錢串子，有一種叫蚰蜒，跟蜈蚣極為相似**）而沒有蠍子，所以南方畫五毒，就把蠍子換成蜈蚣了。因此北平當年餑餑鋪，就有南派五毒餅、北派五毒餅之分了。

當年名畫家陳半丁說：「平劇《混元盒》裡五毒，只有蜈蚣而無蠍子，《五花洞》劇中變幻人形在世間擾亂一番的金頭大仙化身，也是蜈蚣而非蠍子，因為崑曲、亂彈都是由南而北，在南方蠍子是很少見的。」半丁先生以南人落籍北平，他的說法是頗有見地的。

有些細心人端午節吃五毒餅，發現模子上有蜈蚣、蠍子不同，有些好事之徒硬把五毒餅分為南派、北派，還引起了當時《順天時報》汪聽花（日本人）跟《群強報》戴槐生打了一場很火熾的筆仗。筆者記得在幼年過端午吃五毒餅，確有蜈蚣、蠍子之別。至於照張天師靈符刻的印模所做的五毒餅，只是聽前輩老人們傳說，既沒有看過，更沒吃過。

欣逢佳節，這段五毒餅的小故事，知道的人可能已經不多，所以特地寫出來，聊供中原父老飲雄黃酒、吃端午粽時的談助吧！

後　語

自從民國六十五年乍還初服，閒中無聊陸續寫了《中國吃》《南北看》《天下味》《故園情》幾本不成氣候的小品文，承海內外的讀者熱烈捧場，因此交了不少朋友，偶或親友晤敘，倒也添了若干談話資料，近年來搜集存稿，居然又有二十萬字左右了，寫小品文不難，只要抓住題目有資料，划拉划拉就是一篇，因為我文章是信手寫來，整理之後，才覺得雜亂無章，想給書起個小名可就煞費周張了，太雅未免顯得不合時宜，太俗又引不起讀者興趣，思來想去，還是等等再說吧！

最近大地出版社姚宜瑛女士來寓，一再鼓勵我出書，經互相磋商結果一本取名《老古董》專講掌故逸聞，一本取名《酸甜苦辣鹹》專談吃吃喝喝，復蒙陳紀瀅鄉長寵賜一篇詞多溢美的鴻文拳拳厚愛，時銘心版，這次出書，多承姚女士設計封面，編排校正，一併在此申謝。

民國六十九年雙十國慶日於初衣小築

唐魯孫先生作品介紹

(1)老古董

本書專講掌故逸聞，作者對滿族清宮大內的事物如數家珍，而大半是親身經歷，所以把來龍去脈說得詳詳細細。本書有歷史、古物、民俗、掌故、趣味等多方面的價值，更引起中老年人的無窮回憶，增進青年人的知識。

(2)酸甜苦辣鹹

民以食為天，吃是文化、是學問也是藝術，本書作者是滿洲世家，精於飲饌，自號饞人，是有名的美食家。又作者足跡遊遍大江南北，對南北口味烹調，有極細緻的描寫、有極在行的評議。本書看得你流口水，愈看愈想看，是美食家、烹飪家、主婦、專家、學生及大眾最好的讀物。

(3)大雜燴

作者出身清皇族，是珍妃的姪孫，是旗人中的奇人，自小遊遍天下，看得多吃得多，所寫有關掌故、飲饌都是親身經歷，「景」「味」逼真，《大雜燴》集掌故、飲饌於一書。

(4)南北看

作者出身名門，平生閱歷之豐、見聞之廣，海內少有。本書自劊子手看到小鳳仙，自衙門裡的老夫子看到盧燕，大江南北，古今文物，多少好男兒、奇女子，異人異事……一一呈現眼前，是一部中國近代史的通俗演義。

(5)中國吃

本書寫的是中國人的吃，以及吃的深厚文化，書中除了談吃以外並談酒與酒文化、談喝茶、談香煙與抽煙，文中一段與幽默大師林語堂先生一夕談煙，精彩絕倫不容錯過。

(6)什錦拼盤

本書內容包羅萬象，除談吃以外從尚方寶劍談到王命旗牌，談名片、談風箏、談黃曆、談人蔘、談滿漢全席……文中作者並對數度造訪的泰京「曼谷」不管是食、衣、住、行各方面均有詳細的描述。

(7)說東道西

《說東道西》是唐魯孫先生繼《老古董》、《酸甜苦辣鹹》、《大雜燴》、《南北看》、《中國吃》、《什錦拼盤》之後又一巨獻。

他出身清皇族，交遊廣，閱歷豐。本書從磕頭請安的禮儀談到北平的勤行，由蜀山奇書到影壇彗星阮玲玉的一生，自山西麵食到察哈爾的三宗寶……所論詳盡廣泛，文字雋永風趣，是一部中國近代史的通俗演義。

(8)天下味

本書蒐羅了作者對故都北平的懷念之作，除了清宮建築、宮廷生活、宮廷飲食介紹外，對平民生活的詳盡描述，也引人入勝。收錄了作者對蛇、火腿、肴肉等山珍，以及蟹類、臺灣海鮮等海味的介紹，除了令人垂涎的美味，還有豐富的常識與掌故。更暢談煙酒的歷史與品味方法，充分展現其博學多聞的風範。此外另收〈香水瑣聞〉與〈印泥〉兩文，也是增廣見聞的好文章。

(9)老鄉親

唐魯孫先生的幽默，常在文中表露無遺，本書中也隱約可見其對一朝代沒落所發抒舊情舊景的感懷，無論是談吃、談古、談閒情皆如此，但其憂心固有文化的消失殆盡，在在流露出中國文人的胸襟氣度。

(10)故園情（上）

凡喜念舊者都是生活細膩的觀察者，才能對往事如數家珍。故園情上冊有唐魯孫先生的記趣與評論，舉凡社會的怪現象、名人軼事、對藝術的關懷，或是說一段觀氣見鬼的驚奇，皆能鞭辟入裡栩栩如生。

(11) 故園情（下）

喜歡吃的人很多，但能寫得有色有香有味的實在不多，尤其還能寫出典故來，更是難能可貴。唐魯孫先生寫的吃食卻能夠獨出一格，不僅鮮活了饕餮模樣，更把師傅秘而不傳的手藝公諸同好與大家分享。

(12) 唐魯孫談吃

美食專家唐魯孫先生，不但嗜吃會吃也能吃，無論是大餐廳的華筵餕餘，或是夜市路邊攤的小吃，他都能品其精華食其精髓。本書所撰除了大陸各省佳肴，更有臺灣本土的美味，讓人看了垂涎欲滴。

大地叢書介紹

作者：劉　嘯

定價：300 元

北京是一座有著三千多年建城史和八百多年建都史的歷史文化名城，它與西安、洛陽、南京並稱為「中國四大古都」，它擁有七項世界級遺產，是世界上擁有文化遺產最多的城市，因此北京是您選擇文化旅遊最合適不過的城市了。

- 北京在歷史上到底有多少個稱謂？
- 前門樓真的有九丈九高嗎？
- 故宮、天安門的設計又是出自何人之手？
- 老北京四合院為何沒有東南角？
- 老北京人是如何過春節的？

藉著本書您可以更加深入地瞭解北京的歷史文化，體會最具特色的老北京韻味。

大地叢書介紹

作者：慕小剛
定價：300 元

上海的歷史雖然不及北京、南京、西安等城市那麼悠久，但是關於上海的歷史文化一點都不比其他城市少。

- 老上海人所說的「七寶」指的是哪「七寶」？
- 宋氏三姐妹曾上同一所學院嗎？
- 徐志摩與陸小曼的愛巢在老上海的哪個地方？
- 作家張愛玲又是住在老上海的哪個公寓裡呢？

本書透過一個個有趣的問題，向讀者介紹不一樣的上海歷史與曾經的輝煌。上海既有江南傳統的古典與雅致，又有國際都會的現代與時尚。它就是中國最獨特的城市——上海。

大地叢書介紹

作者：苗學玲
定價：300 元

廣州是一座歷史悠久的文化名城，在五千年至六千年前，就有先古越民在此繁衍生息了。千百年來，奔騰不息的珠江催生出廣州這座嶺南都市。它襟江帶河，依山傍海，古跡眾多。

- 廣州為何被稱為「妖都」？
- 嫁女餅與劉備娶妻有什麼聯繫？
- 龍頭山與張果老有什麼關係？
- 洪聖大王與良馬菩薩曾經為廟宇選址起過爭執嗎？
- 為什麼說白雲樓是魯迅與許廣平的愛情驛站？

各種有趣的典故、傳說在作者筆下娓娓道來，讓您充分瞭解這座魅力的城市——廣州。

酸甜苦辣鹹 / 唐魯孫著. -- 九版.-- 臺北市：大地, 2020.01
面：　公分. --（唐魯孫先生作品集；2）

ISBN 978-986-402-327-1（平裝）

1. 飲食風俗　2. 中國

538.782　　108021970

酸甜苦辣鹹

唐魯孫先生作品集 02

作　　者	唐魯孫
發 行 人	吳錫清
主　　編	陳玟玟
出 版 者	大地出版社
社　　址	114台北市內湖區瑞光路358巷38弄36號4樓之2
劃撥帳號	50031946（戶名：大地出版社有限公司）
電　　話	02-26277749
傳　　眞	02-26270895
E - mail	support@vastplain.com.tw
網　　址	www.vastplain.com.tw
美術設計	博客斯彩藝有限公司
印 刷 者	博客斯彩藝有限公司
九版一刷	2020年1月

大地

定　　價：280元